歯科医師の
児童虐待理解のために

森岡　俊介　　佐藤　甫幸

宮本　信也　　市川　信一

財団法人　口腔保健協会

推薦のことば

■

　今日、少子化が進む一方、わが国の将来を支える子どもたちの虐待は年々増加し、平成15年度には虐待を受けた子どもの数は2万6千人を超えており、東京都においても被虐待児の割合が子ども千人に一人以上となっています。

　この背景には、核家族化と共に近隣との付き合い方が変化してきたことも関係していると考えられます。また、子どもを産む喜びが少なくなったり、子育ての困難さを訴えたりする母親も増えており、さらに、近年はDVなどの夫婦間の問題も増え、子どもの育児環境は決して望ましい状況とは言えなくなってきています。

　このために、歯科関係者は社会貢献する立場にある医療専門職として、児童虐待の背景や現状をよく理解し、将来を担う子どもたちのために子育て支援の役割を担うことも重要です。

　特に、子どもの虐待の時期には乳歯の萌出、乳歯から永久歯への生えかわりなど口腔内の変化も大きく、歯科関係者が健診や医療の現場で子どもに接する機会が多い時期でもあります。

　こうした流れの中で、東京都と東京都歯科医師会が日本で初めて行った、被虐待児の口腔内調査のデータに基づいて、歯科からの視点で本書が発刊されることは、歯科関係者が児童虐待を理解し、この問題に取り組む一助となるばかりでなく、子育てに関わる関係者の方々にも、児童虐待の中での歯科関係者の関わりや役割について理解していただける、有意義なことと存じます。

　今後、本書が子どもの虐待の予防、早期発見に活用され、少子化の中で子育ての支援態勢がより一層充実、推進されることを望んでおります。

東京都歯科医師会
会長　貝塚　雅信

はじめに

■

　わが国では、平成14年に次世代を担うべき子どもの出生数が前年より1万7千人近くも減少し、少子化の現状は一段と深刻な状況となっている。そして、子どもたちを取り巻く環境も、決して好ましい状態とはいえなくなってきている。経済不況が長期化するなかで養育者の仕事が忙しくなって家庭を顧みる余裕がなくなり、さらには、核家族化が進んで近隣との付き合いや地域との連携が希薄になり、子育てに対する支えが十分ではなくなっている。

　この結果、子どもの数が減少しているにもかかわらず、児童虐待は年々増加している。厚生労働省によれば、児童相談所への虐待相談件数は平成2年度には1,101件であったものが、10年後の平成12年度には17,725件と16倍にもなっている。さらに、平成14年度には、調査を始めて以来最高の23,738件となった。東京都においても福祉局の報告によれば、国と同じように虐待件数は増加傾向にあるという。平成13年度に虐待を受けた子どもは2,098人であったが、これは10年前の平成3年度の104人に比べ、約20倍にもなっており、子ども1,000人に対し0.7人にも及んでいる。また、こうした虐待を受けた子どもたちが、将来非行に走る割合の多いこともわかってきている。

　この現状を踏まえ、国は平成12年5月に「児童虐待防止法」を制定し、また「健やか親子21」においても子どもの虐待対策を母子保健の主要事業の一つに位置付けている。さらに、平成15年には子どもが健やかに生まれ育成される社会の形成のために、「次世代育成対策推進法」を制定した。これを受けて、各地域でも子どもへの虐待に対してさまざまな取り組みが行われている。

　ところで、児童虐待を受けている年代の多くは乳幼児や学童だが、この時期には1歳6ヵ月児・3歳児歯科健康診査や、乳幼児歯科相談、あるいは就学時歯科健診などの場で、歯科医師や歯科関係者が日常的に子どもに接する機会が多い。

　このため、歯科医師や歯科関係者が児童虐待に関する十分な知識をもって子どもたちに接することで、虐待の早期発見も可能になると考えられる。今後は、歯科医師や歯科関係者も、地域における虐待防止活動に積極的にかかわり、子育て支援の観点からも、関係者に歯科の専門的なアドバイスを提供していくべきであろう。その第一歩として、本書を活用していただければ幸いである。

東京都歯科医師会
理事　森岡　俊介

目次

第1章 児童虐待とは

1. 児童虐待の概要 …1
1 定　義 …1
2 種類 …4
3 用語について …5

2. 疫学 …6
1 頻度 …6
2 子どもの年齢構成 …7
3 虐待の数と種類 …8
4 虐待者 …9

3. 背景 …9
1 保護者の要因 …9
2 家庭の要因 …11
3 子どもの要因 …11

4. 症状・所見 …12
1 身体面 …12
2 行動・精神面 …14
3 発達面 …14
4 虐待の影響 …14

5. 早期発見 …16
1 まず虐待を疑う状況 …16
2 虐待の可能性も考えるべき状況 …18
3 その他 …18

6. 通告 …18
1 疑ったら通告 …18
2 通告先 …18
3 通告方法 …20
4 保護者への通告の通知 …20

7. 対応 …20
1 子ども虐待へ介入する際の心構え …20
2 児童虐待への対応の概要 …23
3 初期対応 …23

8 歯科と児童虐待　25
1 歯科医が虐待を疑うとき …………………………………25
2 診療録の記載 …………………………………………………26

第2章 児童虐待と口腔状況の関連についての調査

1 調査の目的と概要　29
2 調査結果　30
1 虐待の状況、身長・体重 …………………………………30
2 口腔内状況 …………………………………………………32
3 調査結果のポイント　37
1 虐待の状況、身長・体重について ………………………37
2 口腔内状況について ………………………………………37
4 まとめ　38

第3章 児童虐待の早期発見・予防と歯科医のかかわり

1 今までの児童虐待と歯科との関係　39
2 生活習慣と歯科疾患　40
3 う蝕多発者に対するかかわり　43
4 児童虐待に対する歯科関係者の今後の取り組み　44
1 歯科健診の場において ……………………………………45
2 歯科診療の場において ……………………………………46
3 通報の義務 …………………………………………………47

付　録
児童虐待防止等に関する法律 …………………………………51
子どもの年齢別身長・体重の平均値 …………………………52
全国児童相談所一覧 ……………………………………………54
児童虐待の理解に役立つ参考図書 ……………………………59

第1章 児童虐待とは

1. 児童虐待の概要

1 定義

　児童虐待の定義として、わが国では、関係者の共通理解が完全に得られているものはまだ存在しない。法律としては、「児童虐待の防止等に関する法律（児童虐待防止法）」（2000年5月成立、11月施行）で、児童虐待は**資料1-1**のように定義されている。ただし、これは、定義というよりは、児童虐待の種類を説明している内容といった方がよいものである。このように具体的内容（実際には具体性は乏しいが）で虐待を定義すると、その内容に合わない行為の判断に迷うことが生じかねない。

　このように、児童虐待を完全に定義する表現はまだ存在しないが、虐待を考える基本的な考え方を押さえていれば、児童虐待の概念を理解することはできる。それは、**資料1-2**の3点である。まず、児童を虐待する行為は、殴打、熱傷、罵倒などの特定の行為で規定されるものではないということである。子どもの人権を侵害する行為は、どのような内容であれ虐待行為と見なされる、というのが第一の基本的考え方である。次に、子どもの人権が侵害されているかどうかは、子どもの立場で考えるというのが第二の基本的考え方である。子どもにどのような影響が出ているかが、人権侵害の判断の根拠になる。三番目の基本的考え方は、その行為を行った保護者の意図が、どのような

資料1-1　「児童虐待の防止等に関する法律（児童虐待防止法）」による児童虐待の定義

（児童虐待の定義）
第二条　この法律において、「児童虐待」とは、保護者（親権を行う者、未成年後見人その他の者で、児童を監護するものをいう。以下同じ。）がその監護する児童（十八歳に満たない者をいう。以下同じ。）に対し、次に掲げる行為をすることをいう。
　　一　児童の身体に外傷が生じ、又は生じるおそれのある暴行を加えること。
　　二　児童にわいせつな行為をすること又は児童をしてわいせつな行為をさせること。
　　三　児童の心身の正常な発達を妨げるような著しい減食又は長時間の放置その他の保護者としての監護を著しく怠ること。
　　四　児童に著しい心理的外傷を与える言動を行うこと。

資料1-2　児童虐待についての基本的な考え方

1. 児童を虐待する行為とは、特定の内容で規定される行為ではなく、子どもの人権を侵害する行為のことである
2. 子どもの人権を侵害しているかどうかは、子どもの側の視点から考えられなければならない
3. 保護者の意図の有無・内容は、虐待の判断には一切無関係である

ものであれ、たとえ、子どものためを思ってのものであったとしても、そうした保護者側の事情を虐待の判断に際して考慮してはいけない、というものである。このように、児童虐待は、あくまでも『子どもの側からの視点』でとらえられるべきものである。この意味で、児童虐待に対する考え方は、いじめのとらえ方と似ている。いじめも、相手がどんなにいじめるつもりはなかったと主張しても、やられた当人がいじめられたと感じたとき、どんな些細な行為でもいじめと判断されることになる。保護者の意図を考慮しないという考えは、一見乱暴なように聞こえるが、いじめと同様、行為の結果を重視するというきわめて常識的な考え方といえるであろう。

　子どもの人権侵害行為は、家庭の他にも学校や施設などいろいろな所で起こり得ることである。しかし、「児童虐待」という場合、通常は、親または親に代わる保護者による行為を指すことが多い。保護者による行為と第三者による行為では、同じ人権侵害行為であっても、その影響や対応方法は異なってくる。したがって、これらの行為を同じ用語でまとめるのは適切ではないであろう。

　ところで、児童虐待で認められる叩くなどの不適切な養育行為は、実は、通常の育児でも認められるものである。育児の中で、たまたま親の機嫌が悪く、つい怒鳴ってしまう、必要ないのに叩いてしまう、などということはあり得ることである。しかし、あり得ることではあるが、そうしたことが何回も繰り返されることは、普通はあり得ないことである。したがって、人権侵害と判断される行為が繰り返されている、ということも、虐待を考える上で重要である。ただし、性的虐待については、1回だけでも虐待としてとらえる。子どもを性的対象として見なすという行為は、通常の育児の中ではあり得ないことである。あり得ないことであれば、1回だけでも問題と見なそうという考え方である。

　以上をまとめると、結局、次のようにいうことができるであろう。児童虐待とは、親または親に代わる保護者による子どもの人権を侵害する行為が反復されている状況をいう。ただし、性的行為については、1回でもあれば虐待行為と見なす。人権侵害の判断

に際しては、保護者の意図を考慮する必要はなく、子どもにマイナスの影響が出ているかどうかを判断の根拠とする。子どもにマイナスの影響が出ている状態とは、基本的には、子どもの日常生活、社会生活において、何らかの対応が必要なほどの支障をきたしている状態のことといえる。具体的な内容を、資料1-3に示した。これらの問題が子どもに見られたときには、子ども自身にその原因が認められない限り、周囲の対応に問題があると考えてよい。

資料1-3　子どもにマイナスの影響が生じていると判断される状況

1. 子どもの身体に痕が残っている
2. 子どもの身体機能に異常を来している
3. 子どもの発達に遅れを生じている
4. 子どもが年齢相当に期待される行動がとれない
5. 子どもが周囲を困らせる行動を繰り返している
6. 子どもに精神症状が見られる

資料1-4　児童虐待の種類

≫ 身体的虐待（physical abuse）
　子どもの身体面に損傷を与える行為
　　身体暴力、薬物の強制的投与など
　　乳幼児期では生命の危険が大きい

≫ 心理的虐待／情緒的虐待（psychological abuse／emotional abuse）
　子どもの心理面に「外傷」を与える行為
　　ことばの暴力、脅し、子どもを拒絶など
　　子どもの心の発達に与える影響が大きい

≫ 性的虐待（sexual abuse）
　子どもを性的対象として扱う行為
　　性行為、裸の写真撮影、性的情報の強制など
　　子どもの心の発達に与える影響が大きい

≫ ネグレクト（neglect）
　健全な心身の成長、発達に必要なケアをしない行為
　　乳幼児では生命の危険も小さくない
　　発達全般に与える影響が大きい

....2　種類

わが国では、児童虐待は、大きく4つのタイプに分けられることが多い(**資料 1-4**)。大事なことは、これら4つのタイプの虐待行為は、いずれも、子どもの心身に与える影響度に違いはない、ということである。殴るなどの身体的虐待はひどいが、ことばでいうだけの心理的虐待はそれほどではない、という判断は間違いである。

▶▶▶ 身体的虐待

子どもの身体面に損傷を与える行為をするものである。殴る、蹴る、投げつける、首を絞める、火傷を負わせる、水をかける、などの直接的な暴力が多い。注意しなければいけないものとして、薬物を子どもに強制的に投与し、子どもの体調を崩すものがある。虐待による死亡の大多数は、身体的虐待による。

▶▶▶ 心理的虐待／情緒的虐待

心理的虐待は情緒的虐待ともいわれる。悪口暴言、子どもを否定することば(「いない方がいい」など)、威圧的な態度、怒鳴る、子どもを無視する、きょうだい間で待遇に差をつける、などである。子どもを怯えさせる行為も該当し、これには、直接子どもを脅かすものと、子どもが怖くなるような状況を見せつけるものが含まれる。後者の代表は、パートナー同士の暴力であるドメスティックバイオレンス (domestic violence, DV) の目撃である。この意味で、子どもがいる家庭でDVがある場合には、そのこと自体を虐待と見なすことが可能である。

心理的虐待は、子どもの心に最も強い影響を与え、自尊心の低下を生じさせる。身体的虐待は、ある意味、暴力を通して子どもと保護者がつながっており、子どもは、暴力を「愛の鞭」と思いこむことができる。それに対して、心理的虐待は、子どもの存在自体が面と向かって否定されており、子どもは、その状況を自分に都合のよいように思いこむことができないからである。身体的虐待による身体の傷の痛みは、無処置であっても時間とともに必ず消失するが、心の傷の痛みは、適切な対応がされない限り、一生涯消えずに続くのである。

▶▶▶ 性的虐待

直接的な性行為だけではなく、子どもを性的対象として扱うすべての行為が該当する。たとえば、子どもの裸の写真を撮る、ポルノ写真や性的場面を見せつける、売春を強要するなどである。これも、子どもの情緒面に与える影響が大きい。

▶▶▶ ネグレクト

ネグレクトは、かつては「児童無視」と訳されたこともあるが、現在では、そのままカタカナでネグレクトと呼ばれる。食事を与えない、衣服・身体が汚れてもそのままに

しておく、子どもの環境に気を配らない(事故が起こりそうな状況を放置している)、病気・けがをしても放置しておくなど、子どもに必要な適切な世話をしないものをいう。子どもを嫌い、世話をする意志がなく世話をしていないもの(積極的ネグレクト)と、子どもに対するネガティブな感情はあまりなく、自分ではそれなりにやっているつもりでいるが、結果としては十分な世話になっていないもの(消極的ネグレクト)がある。消極的ネグレクトの背景には、保護者、主として母親の養育能力に問題がある場合が多く、その背景要因としては、母親の知的障害とうつ病が主なものである。

　ネグレクトには、この他、病気の治療を受けさせないメディカルネグレクト(医療ネグレクト)、学校に行かせない教育ネグレクト、特定の宗教の教義により子どもに必要な世話をしない宗教的ネグレクトなどがある。

　子どもの年齢が小さい場合、ネグレクトで死亡することもある。乳幼児は、生活のすべてを保護者に依存しており、自分で食事を探し出して摂ったり、体調不良のケアをすることができないからである。重度のネグレクトでは、子どもの発達の遅れを来すことがあり得る。また、子どもがもともと発達の問題(知的発達障害など)を持っている場合、重度のネグレクトでなくても本来の遅れが増強されやすい。

....3　用語について

　わが国では、児童虐待の中にネグレクトを入れて論じられることが多いが、欧米では、「abuse and neglect」として、虐待とネグレクトを区別することが多い。「abuse」には、保護者が保護者の権利・力を子どもに対して乱用する(ab+use)という意味合いがあり、子どもに対する保護者の積極的、意図的で一方的な働きかけ行為ととらえることができる。一方、「neglect」とは、語義的には、不注意のためにするべきことを見過ごしていてやっていないということであり、保護者からの積極的、意図的な行為という意味合いは含まれない。こうした用語の語義的違いもあり、両者を並べて示すことで、子どもへの不適切な養育行為全体を表そうとしているものと思われる。ただし、通常の議論ではそれほど厳密なものでもなく、必要性に応じて、「虐待」という用語を、ネグレクトを含んだ広義の意味で使う場合と、含まない狭義の意味で使う場合を使い分ければよいと思われる。

　一方、欧米では「child abuse」という用語の他、「maltreatment」という用語が使われることも少なくない。この用語は、保護者に限らず大人や年長者からの子どもに対する不適切な扱いすべてを意味するものである。また、その行為の内容も、いわゆる虐待行為やネグレクトだけでなく、過度のじらしや甘やかしなど、子どもの発育に望まし

資料 1-5　マルトリートメントの概念

1. 18歳未満の子どもに対する
2. 大人、あるいは行為の適否に関する判断の可能な年齢の子ども（おおよそ15歳以上）による
3. 身体的暴力、不当な扱い、明らかに不適切な養育、事故防止への配慮の欠如、ことばによる脅かし、性的行為の強要などによって
4. 明らかに危険が予測されたり、子どもが苦痛を受けたり、明らかな心身の問題が生じているような状態

（日本子ども家庭総合研究所編：厚生省子ども虐待対応の手引き、平成12年11月改訂版、有斐閣、2001）

くないような行為すべてを含む。この概念の一つの考え方を**資料1-5**に示す。わが国では、虐待以上に概念がまだ定まっていないものの、虐待とまでいいたくないが気になる養育行動に対して使われる傾向がある。

2. 疫学

1　頻度

　児童虐待の発生頻度、あるいは、有病率を正確に知ることは不可能である。当事者からの訴えはほとんどなく、周囲の気づきで表面化する場合がほとんどだからである。また、いつ、どこでも通用する虐待判断の基準がないことも、虐待の頻度推定を困難にしている。

　それでも、わが国でも全国規模の実態調査が実施されている。その結果によると、児童虐待の発生は1年間に約35,000人であり、これは、小児1,000人あたり1.54人に相当するという（小林登：児童虐待及び対策の実態把握に関する研究、平成13年度厚生科学研究（子ども家庭総合研究）、2002）。この数字に従うと、有病率は0.15％ということになる。

　一方、表面化した事例件数の推移ははっきりしている。全国の児童相談所において処理された虐待相談件数の推移（**図1-1**）では、平成13年度までは相談件数が年ごとに増加してきている。平成2年度に処理された相談件数は1,101件であったが、平成13年度では23,274件と20倍以上になっている。ことに、平成10年度から11年度にかけて大きく増加し（6,932件→11,631件）、その後、毎年急増している経過が分かる。しかし、14年度は23,738件と13年度に比べ微増となっており、11年度から続いた急増傾向が

緩んでいる。ただし、これがこのまま横ばいになっていくのかどうかは、あと数年の動きを見ないと結論できないであろう。

2 子どもの年齢構成

全国児童相談所での虐待相談における虐待された子どもの年齢を見ると(**表1-1**)、乳幼児で約半数を占めており、年少児の割合が大きいことが示されている。しかし、これは、一方では、小学生以上が半数を占めていることをも示しており、被虐待児の半分は学齢期の児童であり、学校での早期発見と対応が必要なことを意味しているともいえるであろう。

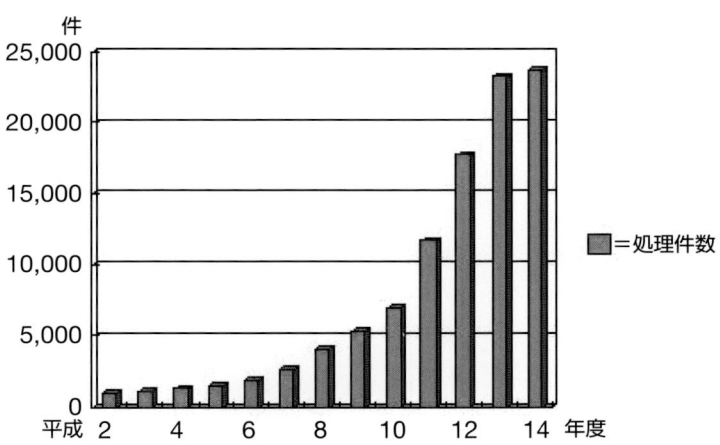

図1-1　全国児童相談所における虐待相談処理件数の推移

表1-1　全国児童相談所での虐待相談における被虐待者の年齢別構成割合

	0〜3歳	3歳〜学齢前	小学生	中学生	高校生・その他
14年度	20.8	29.2	35.3	10.5	4.2
13年度	20.4	29.4	35.8	10.4	3.9
12年度	19.9	29.0	35.2	11.0	4.9
11年度	20.6	29.0	34.5	10.9	5.0
10年度	17.8	26.9	36.6	13.4	5.2

(厚生労働省社会福祉行政業務報告より作成)

3 虐待の数と種類（表1-2）

児童相談所の虐待相談事例における虐待種別を見ると、身体的虐待が半数前後を占めているが、ネグレクトの相談が微増傾向にあることが分かる。ネグレクトは、分かりにくい虐待の種類であり、その相談が増えていることは、児童虐待に対する意識の高まり、広まりが反映されているものと考えることができる。

一方、小林らによる全国調査では、子どもが受けた虐待の種類の数は、1種類だけのものが80％と大多数を占めている。つまり、複数の虐待を受けている子どもは、被虐待児の20％ということになる。1種類だけの虐待を受けていた子どもの中で虐待種別の割合を見ると、身体的虐待とネグレクトがほぼ同数で40％強を占めており、心理的虐待単独は少ないことが示されている。複数虐待例も含め、虐待数を延べ数で見たもので虐待種別の割合を見ると、心理的虐待が3割弱と増加している。個々の虐待種別

表1-2 事例化された児童虐待における虐待種別構成

全国児童相談所における虐待の相談種別構成割合（％）

	身体的虐待	ネグレクト	心理的虐待	性的虐待
14年度	46.1	37.7	12.8	3.5
13年度	46.5	37.8	12.3	3.3
12年度	50.1	35.6	10.0	4.3
11年度	51.3	29.6	14.0	5.1
10年度	53.0	31.9	9.4	5.7

（厚生労働省社会福祉行政業務報告より作成）

平成13年度厚生科学研究・児童虐待の実態調査における虐待種別構成（％）

1. 虐待種別数の構成割合

1種類のみ	2種類	3種類	4種類
80.0	17.5	2.4	0.1

2. 虐待種別の構成割合

	身体的虐待	ネグレクト	心理的虐待	性的虐待
1種類のみの虐待	43.4	43.1	9.8	3.6
複数の虐待	51.3	46.2	28.9	4.0

3. 虐待種別における単独虐待の割合

身体的虐待	ネグレクト	心理的虐待	性的虐待
67.6	74.6	27.2	73.2

（小林　登：児童虐待及び対策の実態把握に関する研究、2002より作成）

ごとに、その虐待の中で単独の虐待だけだった割合を見ると、身体的虐待、ネグレクト、性的虐待では、各々70％前後であるのに対して、心理的虐待では27％となっており、心理的虐待は単独で生じることは比較的少ないことが同様に理解できる。

結論すると、事例化した児童虐待では、子どもが受けている虐待の数は1種類のみが80％で複数の虐待を受けているのは20％である。虐待の種類では、身体的虐待とネグレクトがそれぞれ50％前後、心理的虐待が30％前後、性的虐待が4％前後となる。心理的虐待は、単独で受けていることは少なく、心理的虐待がある場合には、他の虐待も合併している可能性が70％前後であり得る、ということになる。

4 虐待者

虐待をしている保護者では、洋の東西を問わず、実母が一番多い。いくつかの統計をまとめると、実母だけが60％、実父だけが20％、実の両親ともが10％、継父・養父が5％、継母・養母が1％、その他4％となる。その他には、同居人、祖父母、親戚、きょうだい、知人などが含まれる。

3. 背景 （資料1-6）

児童虐待は、一般に、保護者の要因、家庭の要因、子どもの要因の3つの要因の関係の中で生じるといわれている。もちろん、その中で最も大きなものは保護者の要因である。

1 保護者の要因

保護者についてよくいわれるのは、未熟な人格ということである。未熟な人格とは、共感性に乏しく、感情的になりやすく、物事を被害的に受けとめやすいということである。相手の立場や気持ちを感じたり考えることが苦手ということは、小さな子どもが叩かれたりひどいことをいわれてどのような気持ちがするかを感じられないということでもある。相手の感情に無頓着になれるということは、また、相手に対する自分の行為を反省せずにすむということになり、攻撃的な言動をエスカレートできることになる。また、何かをするときの一番の理由は、そうしたかったからという、自己の感情にまかせて行動してしまう特性も、攻撃性を増強しやすくする。さらに、人に対する評価を、相手が自分に何をしてくれたかということを基準に行いやすい。人が、常に自分に対してよい対応をしてくれるはずもなく、そうすると相手がよくしてくれなかったという思い

を持ちやすくなり、結果として人からの働きかけを被害的に受けとめやすくなっていく。このため、子どもが自分の思うようにならないときに、そうした子どもの行動までも被害的に受けとめ、子どもが自分を攻撃しているように感じてしまいやすくなり、逆に、子どもへの攻撃とつながりやすくなることが考えられる。その他、子どもや育児に対す

資料1-6　児童虐待の背景要因

≫≫ 保護者に見られやすい要因
1. 未熟な人格
    相手の立場で考えることが苦手（乏しい共感性）
    自分がどう感じたかが行動の規範（自己の感情優先）
    自分がどうされたかが判断の基準（被害者意識）
2. 育児に関する不適切な知識、思いこみ
    体罰を正当なしつけの手段と考える（暴力肯定）
    子どもは親に従うものという考え（不適切な子ども観）
3. 個人主義的価値観
    子どもを持つことを個人の全く自由裁量の問題と考える風潮
        →生まれた子どもをどのようにするのも親の自由
    親としてより個人としての自己実現優先の価値観
4. 虐待された経験を持つ、あるいは親から愛された経験がない（世代間伝達）
5. 精神障害
    人格障害（母親－境界型人格障害、父親－反社会的人格障害）
    アルコール依存症、薬物依存、精神分裂病、うつ病、精神遅滞

≫≫ 家庭の背景
1. 地域・隣人・親戚からの孤立
2. 夫婦間の不和
3. 経済的問題

≫≫ 子どもに見られやすい要因
育児に関して精神的・身体的負担を感じさせる子どもの状態
1. 「手のかかる」子
    身体面：未熟児、発達障害、先天性不治疾患
    行動面：多動、強情、反抗的、動作が緩慢、など
2. 長期の「母子分離」経験
    早期からの長期入院：未熟児、先天性不治疾患
    家庭状況による施設入所
3. 「不幸」な出生状況
    祝福されない出生：望まれない子、報復手段としての出産

る不適切な考えや、子どもよりも自分の生活を優先させるという個人主義的な価値観も見られることが多い。

　こうした保護者の特徴は、保護者自身が幸せな子ども時代を送っていないことが大きく影響していると考えられている。虐待する親は自ら虐待されていたことが多いとはよくいわれることであり、世代間伝達と呼ばれる。しかし、虐待する保護者で被虐待体験を持つのは30〜50％ともいわれ、必ずしも当てはまる訳ではない。しかし、自分が十分に受け入れられ、愛されてきたという思いを持っていないという点はほぼ共通しているように思われる。

2　家庭の要因

　「孤立」というのが家庭要因のポイントである。地域での人とのつきあいもあまりなく、そのために、近所の人もその家族に声をかけにくい雰囲気にあることが多い。また、自分の親族からも孤立しており、困ったことに関して、家族・親戚からの支援を得られない状況にあることも多い。

　夫婦、あるいはパートナーがいる場合、両者間に不和が見られるのが普通である。虐待する保護者は、自分がいかに愛されるか、よくしてもらえるかが最大の関心事であることが多く、そのような状態では、相手のことを思いやる真の愛情関係は成立できないからである。

3　子どもの要因

　子どもの要因は、育児に関して保護者に心身の負担を感じさせる事柄とまとめることができる。低出生体重児や障害児が虐待のハイリスクであることはよく指摘されるところである。

　低出生体重児が虐待ハイリスクである理由として、以前は、出生後長期間にわたり保護者が育児に参加できないこと、機械につながれた子どもの状態が保護者に違和感を与えること、子どもの将来についてネガティブなこと（後遺症など）をいろいろ聞かされること、などがあげられてきた。しかし最近、その他の要因も関係していることがいわれるようになってきている。それは、低出生体重で生まれるという妊娠経過をとってしまう状況自体が、虐待のハイリスク要因なのである、という考え方である。もちろん、すべてではないが、低出生体重児が生まれたということは、妊娠中の母胎の心身の安静が保たれていなかったことを思わせ、妊娠中にもかかわらずその状態が大事にされない状況が、子どもが生まれた後、育児にとっても好ましくない状況となり、虐待につ

ながっていくとするものである。

　さらに、女性は、妊娠が告げられたときから子育てを始めるといわれるようになってきている。お腹の中にいる子どもが生まれた後のことをいろいろ想像し、生まれたらこんな風にしようなどと考える過程が、すでに想像上の子育てなのであるとする考え方である。そうした想像上の子育ての中で、母親は、自分の理想の子ども像を作り上げていくとされる。ところが、現実の子どもや育児は、想像していたものとはかなり異なるものである。ほとんどの親は、この理想と現実のギャップを、実際の子育ての中でうまく折り合いを付けていくが、前述したような特性を持つ保護者の場合、その折り合いが付けられず、自分の理想の子どもと食い違う現実の子どもに対してネガティブな感情を持ってしまうことがあり、このギャップは、低出生体重児では特に大きく、それが、低出生体重児が虐待ハイリスクとされる要因のさらなる一つとも考えられるようにもなってきている。

4. 症状・所見

1　身体面

　虐待を受けた子どもの身体面特徴を資料1-7に示した。一般的な身体所見は身体的虐待やネグレクトにより、外陰部ときに口腔内所見は性的虐待による。新しい傷と古い

資料1-7　被虐待児に認められる身体所見

▶▶▶ 全身所見
低身長、栄養障害
▶▶▶ 皮膚所見
不潔
新旧の傷の混在、パターンのある傷、複数の火傷痕、円形の火傷痕
▶▶▶ 皮膚以外の所見
骨　折：反復する骨折、多発骨折
硬膜下血腫
眼　　：眼底出血、外傷性網膜剥離、硝子体出血、強膜出血、視力障害
耳　　：鼓膜破裂、外耳道出血、聴力障害
口　腔：多数のう歯、歯肉炎、口腔内裂傷、歯牙損傷・欠損
外陰部：腟裂傷、処女膜裂傷、腟炎、外陰部炎、肛門裂傷、性感染症
その他：反復する事故・中毒、腹部臓器損傷、突然死、妊娠

傷の混在はよく指摘される所見である。保護者に尋ねると、転びやすいとかきょうだいでよくけんかするなどと答えられることが多い。入院させると新しい傷ができないのが特徴である。パターンのある傷とは、ベルトで叩かれた痕など、道具による暴力で、使われた道具による傷跡のことで、通常の事故やケンカで見ることはあまりないものである。円形の火傷痕はタバコによるものがほとんどであるが、稀に線香によることもある。

資料1-8は、虐待と関連していわれるその他の身体状況についてまとめたものであ

資料1-8　児童虐待と関連するその他の身体的問題

▶▶▶ **すべて虐待**

1. 子どもを代理としたMunchausen症候群（Munchausen syndrome by proxy）
   養育者、主に母親が、子どもに種々の操作を加えて身体的症状を引き起こし、病院を転々とするもの。子どもの虐待の一種と考えられる。母親に人格上の問題が見られることが多い。「事故でない中毒」（non-accidental poisoning）もこの症候群の一種。

▶▶▶ **ほとんどが虐待**

1. 揺さぶられっ子症候群（shaken baby syndrome）
   子どもの状態を激しく前後左右に揺することで、子どもの頭がむち打ち様にしなり、そのときに頭部に働く剪力のために頭蓋内のbridging veinが裂けて出血し、硬膜下血腫をつくるものである。頭蓋骨骨折がないのに硬膜下血腫があるときに疑われる。硬膜下血腫の他、網膜や視神経周囲にも出血することが多い。虐待の他、子どもをあやしていて生じることもある（「高い高い」など）。
2. 愛情遮断性小人症（deprivation dwarfism）
   保護者の愛情に対する慢性的欲求不満状態により、低身長となったもの。被虐待児に多く認められる。過食がありながら、身体発育の障害があるのが特徴。夜間睡眠時の成長ホルモン分泌の低下が特徴。

▶▶▶ **虐待のこともある**

1. 非器質的成長障害（Nonorganic failure to thrive, NOFT）
   身体疾患や発達障害によらない成長障害の総称。剥奪環境（environmental deprivation）、社会経済環境の低さ、両親の不和、親の人格障害などの要因が多く認められる。子どもの虐待を合併している例も少なくないとされる。
2. 事故でない中毒（Non-accidental poisoning）
   子どもの薬物中毒（タバコ等も含む）で、偶然の事故としては状況が不自然なもの。上記「子どもを代理としたMunchausen症候群」（身体的虐待）か、子どもが薬物や有害物を口にしやすい環境を故意に作っている（積極的ネグレクト）か、そうした環境を故意ではなく放置している（消極的ネグレクト）かのどれかが背景にあることがある。
3. 反復性事故（Recurrent accidents）
   子どもが事故に遭う状態を繰り返すもの。事故ではないか（身体的虐待）、故意に事故に遭いやすいようにしているか（積極的ネグレクト）、事故に遭いやすい環境を放置しているか（消極的ネグレクト）のどれかの背景があることがある。

る。「すべて虐待」とは、その状態があったら、全例虐待であるという意味である。「ほとんどが虐待」とは、その状態があると、虐待であることがほとんどであるが、ときに、違う原因によることもあるものである。「虐待のこともある」とは、その状態だけでは虐待を積極的には疑えないが、虐待の可能性もあり得るので注意が必要ということである。

2 行動・精神面

　虐待を受けている子どもが示す行動・精神面の問題には、年代ごとにある程度の特徴がある。一般に、幼児期は過度の警戒心や接近などの個別の対人行動の問題として、学童期は集団からの逸脱行動として、青年期は非行や神経症性障害（抑うつ、不安）として、成人期は犯罪や人格障害として、問題が表面化しやすい。

　小児期に見られやすい問題を**資料1-9**にまとめた。年少児期では、食行動の問題と対人行動の問題が出やすい。対人行動の問題は反応性愛着障害ともいわれ、外向性の問題の方が多い。年少児期に見られる行動面の問題は、被虐待児に比較的特有に認められるものが多い。それに比べ、年長児では、さまざまな問題が見られるものの、それらは、学校で通常問題とされるものと同様のものが多く、特に被虐待児に特有のものは少ないことに留意する必要がある。

　虐待の種類により、子どもに見られる行動にある程度の特徴がある。身体的虐待では暴力や攻撃的行動が、心理的虐待では何でも人のせいにするという自己防衛的行動や自分に対する言動に敏感に反応したり自信のなさなどが、性的虐待では、性的な言動や自己嫌悪感・うつ状態が、ネグレクトでは反抗や非行が多い傾向がある。性的虐待では、無気力となり成績低下も起こりやすい。

3 発達面

　虐待は子どもの発達にも影響を与える。一般に、言語能力が低下しやすく、養護施設で生活している子どもでその傾向が強いといわれている。語彙が乏しくことばの言い換えが苦手であり、筋道だった長い文章で話すことも苦手になりやすい（統語能力の低下）。

4 虐待の影響

　児童虐待は子どもの心に大きな影響を与え、精神障害を引き起こすことも珍しくない（**資料1-10**）。精神障害の中でよく認められ、長期間にわたって子どもを苦しめるものは、心的外傷後ストレス障害と解離、人格障害である。心的外傷後ストレス障害にその他の精神症状を伴ったものを複雑型心的外傷後ストレス障害といい、長期間、反

資料1-9　被虐待児に認められる行動・精神面の問題

▶▶▶ 幼児〜学童前半

1. 食行動の異常（過食、異食、反芻）
2. 痛み刺激に鈍感
3. 身辺の衛生に無頓着（失禁しても平気）
4. 保護者からの隔離に無頓着
5. 集団行動をとらない
6. 対人関係の特徴：「子どもらしさ」に欠ける対人行動──反応性愛着障害

    内向性の問題

    　自発的に人とかかわらない、人からの働きかけに反応しない、視線が合わない、周囲に無関心、好奇心が乏しい、話さない、返事をしない、動きが少ない、動作が緩慢、無気力、敏感、おどおど、人が近寄ると緊張

    外向性の問題

    　誰にでも向かう一方的なかかわり（過剰で無差別な接近）、過度になれなれしい、知らない人でも平気、やさしい人を独占したがる、よく話すが一方的、要求の繰り返し（誰にでも）、動きが激しい、じっとしていられない、離席、遊びが長続きしない、突発的に行動し予測が立たない、動作が乱暴で加減をしない、すぐに叩いたり蹴ったりする

▶▶▶ 学童後半〜思春期

1. 学校内での問題行動

    　離席、抜け出し、集団行動をとらない、怠学、不登校
2. 教師・大人への態度の問題

    　指示に従わない、反抗的、虚言
3. 衝動的・攻撃的な言動

    　多動、突発的行動、暴力、友人とのトラブル、器物破壊、動植物への残酷な行為
4. 非行行為

    　盗み、徘徊、家出、喫煙、飲酒
5. 抑うつ的言動

    　希死的ことば、希死的行動
6. 性的虐待に特に認められやすい問題

    　非行、性的逸脱行為、不定愁訴、無気力、不活発、成績低下

復してトラウマを受けた場合に生じ、虐待を受けた子どもに見られやすい。心的外傷後ストレス障害に解離症状を伴うのが基本型である。児童虐待は、また、その後の反社会的行動との関係も強いことが知られている（**資料1-11**）。

このような児童虐待の影響を考えると、児童虐待に適切に対応することが、青年期以降の精神障害や犯罪の予防につながることが理解されるであろう。

資料1-10　児童虐待と精神障害

1. 破壊的行動傷害
    注意欠陥・多動性障害、反抗挑戦性障害、行為障害
2. 摂食障害（拒食症・過食症）
3. 神経症性障害
    解離性障害、抑うつ状態、不安障害
    心的外傷後ストレス障害（PTSD）
4. 嗜癖性障害
    アルコール依存、薬物依存
5. 人格障害
    反社会的人格障害、境界型人格障害

資料1-11　児童虐待と反社会的行動

▶▶▶ 被虐待体験→反社会的行動
    成人までに　50％が軽犯罪
    　　　　　　20％が暴力的犯罪
▶▶▶ 反社会的行動→被虐待体験
    非行・軽犯罪では　30〜40％
    暴力犯罪では　　　50〜70％　に被虐待経験
▶▶▶ 虐待の種類と反社会的行動の関係
    身体的虐待　→　暴力・暴力的犯罪
    性的虐待　　→　家出・性的逸脱行為・性犯罪
    ネグレクト　→　反抗挑戦性障害・規則違反・非行

5. 早期発見（資料1-12）

....1 まず虐待を疑う状況

　身体面では、外傷、骨折、火傷、事故が反復される状況は、まず、虐待を疑わなければいけない。子どもが怪我をした場合、保護者は、自分の不注意を反省し、その後は必要以上に慎重になるのが普通である。それが、同じようなことが反復されるということは、反復されやすい状況が何かあることが疑われるからである。また、乳児の骨折は、1回だけでも虐待を疑う。乳児の骨は柔らかく、かなりの力が加わらないと折れないも

資料1-12　虐待を疑う必要がある状況

▶▶▶ まず、虐待を考えるべき状況

1. 身体面
   以下の状態が複数存在、あるいは、反復して出現
   外傷(痕)、火傷(痕)、骨折、中毒、その他の事故(溺水など)、
   小円形の火傷痕、硬膜下血腫、多数のう歯
   乳児：骨折、硬膜下血腫、口腔内熱傷
2. 行動・精神面
   以下の行為の反復
   年少児：過食・異食・盗食、過剰で無差別な対人接近行動、痛みに無反応
   小学生：非行(盗みと作話・虚言)、動植物への残虐行為、加減しない暴力行為
   中学生：非行(徘徊、家出)

▶▶▶ 虐待も考えるべき状況

1. 身体面
   不潔な皮膚、低身長、腹部臓器損傷、DOA※(含：「乳幼児突然死症候群」)
   乳児：体重増加不良
2. 行動・精神面
   年少児：保護者からの隔離に平気、過剰な警戒心
   小学生：集団行動からの逸脱、反抗的言動
   中学生：怠学、暴力行為、性的逸脱行為

※ DOA：death of arrival

資料1-13　虐待状況の保護者に多い特徴

1. 保護者の訴えと臨床所見が矛盾する
2. 外傷を子ども自身やきょうだいのせいにする
3. 情報の提供に抵抗する
4. 話される内容が保護者間や日によって変わる
5. 保護者の態度が子どもの問題・症状の重症度に合わない
6. 医療機関を受診するのが遅い（evening visit）

ので、交通事故など納得できる理由がない限り、不自然な力が加わったことが考えられるからである。

　行動面では、年少児では過食と過度の馴れ馴れしさ、小学生では盗みとうそ、中学生では家にいない非行に注意する。小学生で単独での盗みとすぐばれるうそ（作話）を繰り返している場合には、ほとんどがネグレクトである。

....2　虐待の可能性も考えるべき状況

虐待の可能性もあることを考えて対応すべきものとしては、**資料 1-12** にあげたような事柄がある。虐待というと外傷に目がいきやすいが、低栄養・小さな体格・不潔さにも注意が必要である。

....3　その他

虐待している保護者が医療機関を受診したときに見られやすい特徴を**資料 1-13** にまとめた。また、虐待が疑われる状況を、保育・教育現場に当てはめて具体的にまとめたものを**資料 1-14** に示した。学校医をしている場合、**資料 1-14** のような状況を見聞きしたときには、児童虐待に関する注意を学校関係者に伝えるようにすべきである。

6. 通告

....1　疑ったら通告

子どもの虐待の疑いを持った場合、医師は、そのことを関係機関に通告しなければならない（児童福祉法第25条、児童虐待防止法第6条）。通告は、虐待を疑った時点で行うものであり、虐待を確認する必要はない。虐待かどうかを判断するのは、通告する側の仕事ではなく、通告を受けた側が行う作業である。通告する時期も迷う必要はない。疑ったその時点で通告をするべきである。

....2　通告先

通告する先は、法律では、児童相談所と福祉事務所があげられているが、その他、保健所や地域の保健センターでもよい。どの機関に通告してもよいが、児童相談所と保健所の2ヵ所に同時に通告するのがよいであろう。複数の機関に通告することで、対応チームが作られやすくなる。

受診した子どもが死亡していたり重体の場合は、警察へも併せて通告する。警察への通告は、保護者が犯罪者扱いされることになり、その後の保護者への対応を困難にすることが危惧されるが、子どもが死亡するか生命の危険が及ぶほどの虐待行為をする保護者は、もともと、支援の働きかけに簡単に乗ってくることはない。警察へ通告することで、かえって虐待の問題を正面から取り上げやすくなり、家族へのアプローチがやりやすくなることさえある。少なくとも、警察の介入が抑止力となり、さらなる虐待を抑えることで、子どもの安全は図りやすくなる。警察へ通告する際は、「来院時の死亡

第 1 章　児童虐待とは

資料1-14　保育園・幼稚園・学校で虐待を疑う必要がある状況の具体例

≫≫ 身体状況

1. 怪我・やけどが繰り返される
2. 理由をはっきりいわない
3. 身体が汚れている（衣服も）
4. 髪を洗っていない、爪は伸び放題、など
5. 体重が増えず、やせている
6. たくさんの虫歯がある
7. 治療の必要性を通知しても治療していない

≫≫ 行動特徴

1. 食べ物への執着
   がつがつ食べる、何度もお代わりをする、他児の給食を食べる、他児が残した給食を食べる
2. 落ち着きのない行動
   離席、教室から抜け出す、学校内外の徘徊
3. 過剰な対人接近行動
   教師にべたべた寄ってくる、教師の膝の上に座ったり抱っこされたがったりする
4. 理由のはっきりしない欠席、遅刻の反復
5. 集団逸脱行為
   勝手な行動をする、集団行動をとらない
6. 反抗的態度、行動
   教師の指示に従わない、乱暴なことば使い
7. 友だち関係を維持するのが苦手
   友人がいない、相手がいやがることをわざとする、年下や弱い子をいじめる
8. 衝動的で攻撃的な行動
   いきなり叩いたり蹴ったりする、暴力行為で加減ができない、ケンカが多い、物を壊す
9. 動植物に対する残酷な行為
   生き物を乱暴に扱う、加減をしないでいじっているうちに死なしてしまう、意識して殺す、花壇の花を抜く
10. 単独での「非行」行為（学校・家庭内で留まっている）
    他児や教師・学校の物を盗む、すぐばれる嘘をつく、火遊び

や不自然な外傷は、警察へ通告する義務があるので」と、保護者に説明するとよい。

3　通告方法

通告は、時間のロスを避けるため、まず、電話で行ってかまわない。電話相手は、通告先機関の長である必要はない。通告を受けた相手の氏名を確認し、カルテに記載しておく。次いで、数日以内に文書による通告書を出すようにする。通告書を出す理由は、通告したという事実の記録と確認である。

4　保護者への通告の通知

警察以外への通告に当たって、保護者の同意を得たり、通告することを事前に保護者にいっておく必要はない。医療機関から児童相談所に通告する旨を、いつ、どのような形で保護者に伝えるかは、ケースごとに異なり、絶対というものはない。子どもの身体状態が安定した時点で、子育てについて外からも支援をもらった方がよいと思うので、といった理由で、児童相談所へ支援の要請をするという表現で、児童相談所へ連絡する旨を保護者に伝えるのがよいであろう。

通告したことについて、保護者から苦情を受けることはあり得ることではあるが、実際には、通告された保護者が医療機関に文句をいってくることは少ない。保護者自身も、内心では後ろめたさや自分達がどうされるのかという心配を持っており、そのために、医療機関との関係をあまり悪くしたくないという思いを持っているからである。

また、通告したが虐待でなかった場合でも、その責任は問われないだろうというのが、現在の一般的理解である。通告という行為が、子どもの心身の安全を考えての行動であり、自己の利益や相手を誹謗するための行為ではないことや、通告の時点で、虐待でないと判断することは困難であること、などがその根拠となる。

7. 対応

1　子どもの虐待へ介入する際の心構え（資料1-15）

▶▶▶ 疑ったら虐待として対応

まず、大事な点は、虐待が疑われたら、完全に否定できない限り、虐待として対応方針を考えていく、ということである。虐待かもしれないと思って対応し、途中でそうでないことが分かれば、そこでその対応を止めればいいだけのことである。もし、本当に虐待であったら、違うかもしれないとこちら側が思って何もしないでいるうちに、その

資料1-15　子どもの虐待へ介入する際の心構え

1. 虐待を疑ったら、否定できない限り虐待として対応を検討
2. 一人で抱え込まない
3. 関係者の顔が見える連携で対応
4. 迷ったときは、子どもの人権が尊重される方向で検討
5. 「様子を見る」は厳禁。「様子を見ている」間も子どもは虐待されている
6. 保護者を責めない、しかし、対立することを恐れない

子は死亡してしまうかもしれないのである。医師は、診断が付かない状態に対しては、重篤な疾患や見逃してはいけない疾患を先ず鑑別し、鑑別できない場合には、その疾患であってもよいような治療方針を立てるのが普通である。同じように、子どもの虐待は、疑ったら、鑑別できない限り、虐待であってもよいような対応方針を立てなければいけない状態なのである。

一人では無理、連携で対応

子どもの虐待は、一人の熱意でどうにかなる問題ではない。関係者が連携してチームで対応していかなければ、うまく処理できない問題である。具体的には、連携は、関係者が集まり、事例に関するケース会議を開催、対応方針を検討していくという形で行われる。連携を有効に行っていくために重要なノウハウとして、顔が見える関係ということがある。「顔が見える関係」とは、お互いに直接会って、顔を見合いながら話し合いをしている関係、ということである。電話やFAX、e-mailだけで連絡を取り合っている関係では、お互いの発言が聞き流されることも少なくなく、検討が深まらず、方針が立てられなかったり、立てられたとしても、特定の人の意見が共通理解のないままに方針となってしまいかねない。

迷ったら子どもの側の視点で

虐待状況への介入を考え、実行している途中、対応について迷うことは少なくない。そのようなときは、あくまでも子どもの視点に立ち、子どもの人権がより尊重される方法を考えていくのが原則である。

「様子を見る」をしてはいけない

対応の経過中、しばらく様子を見よう、という提案がされることがある。こうしたことばが聞かれるのは、事態の進展があまり見られないときや、どうしてよいか分からず手詰まりになっているときが多い。原則として、「様子を見る」という対応方針は、立てないようにしなければいけない。何よりも心に留めておかなければいけないのは、根

拠もなく、自信のなさの裏返しで、漠然と「様子を見ている」その間も、子どもは虐待を受け続けているかもしれない、ということを忘れてはいけないということであろう。

▶▶▶ 保護者を責めないが、対立は恐れない

虐待している保護者に対して、非難や注意をせず、育児の大変さに対する共感性を持って保護者と接するという態度は、保護者への対応方法に関して、必ず指摘されることである。実際にそうした冷静な態度を取ることは必ずしも容易ではない。しかし、基本的には、保護者へ共感できないにしても、少なくとも自分の感情に動かされずに保護者の話を聞き、相づちを打てる態度を、一つの面接技法として身につけることが必要である。

しかし、一方では、保護者の対応があまりにひどく、子どもの生命の危険、あるいは重篤な心身の後遺症が心配される場合、保護者の意向に反して、子どもを家庭分離する必要が出てくることもある。そのような場合には、保護者に共感的に接してばかりは

資料1-16　子どもの虐待への対応段階

▶▶▶ **初期対応**
　目的：子どもの安全の確保・維持
　方法：保護、監視

▶▶▶ **中期対応**
　目的：子どもが家庭へ戻れるための条件整備
　1. 子どもに対して
　　目標：子どもの健全な心身の成長発達支援と心の傷のケア
　　方法：施設収容（環境療法・生活療法）、保育・教育、心理療法、薬物療法
　2. 保護者に対して
　　目標：保護者の育児能力の向上と心の問題のケア
　　方法：養育技能の訓練、子ども観の変容、精神医学的治療
　3. 家庭状況に対して
　　目標：家庭の育児環境の改善
　　方法：各種福祉的援助

▶▶▶ **長期対応**
　目的：子どもの家庭への復帰
　方法：各種援助、監視

▶▶▶ **超長期対応**
　目的：子どもの自立（独立・結婚・育児）
　方法：各種援助

いられなくなる。子どもの生命と心身を護るためには、いざというときには、保護者と対立することを恐れない気構えも持っていなければならない。

2　児童虐待への対応の概要

子どもの虐待への対応には、段階がある（**資料1-16**）。まず、子どもの心身の安全の確保が第一にやることとなる。これが、いわゆる初期対応である。次いで、子ども、保護者、家庭状況への個別対応を行うことになる。子どもが家庭に戻れるための条件を揃える対応と考えてもよい。これが、中期対応である。長期対応は、子どもを家庭に復帰させ、問題が起こらない状態を維持することである。そして、最後に、子どもが自立し、自分自身の健全な家庭を築き維持することへの支援となる。いわば、超長期対応とでもいうものである。

3　初期対応（資料1-17）

通常、ほとんどの医師に要求される対応は、初期対応までである。初期対応は、子どもの心身の安全の確保とその維持が目的であり、保護者と対立することも多く、関係

資料1-17　子どもの虐待へ初期対応の概要

≫≫ **目的**
　　子どもの心身の安全確保

≫≫ **方法**
　　ケース会議：対応方針の決定と修正
　　個別対応：各自の役割実行

≫≫ **流れ**
　　1. ケース会議の呼びかけ
　　2. ケース会議の開催
　　3. 関係者間の情報と理解の共有化
　　4. 虐待の判断と重症度判定、その共有化
　　5. 関係者相互の役割分担の明確化
　　6. 次回ケース会議の予定決定
　　7. 個別対応
　　8. 対応結果の持ち寄り検討
　　9. 対応方針の再検討
　　10. 3〜9を繰り返す

者が、最も消耗する段階でもある。しかし、子どもの安全が確保されなければ、それ以降の対応を安心して行うことができず、ときに強制的手段を執ってでも達成しなければいけない対応である。

初期対応は、ケース会議と個別対応で行われる。ケース会議は、関係者が集まり、対応方針を決定、さらに、対応がうまくいかないときに方針を再検討する場である。個別対応は、ケース会議で検討された各機関の役割を各自が実行していくものである。

▶▶▶ 初期対応の実際

初期対応は、ケース会議の呼びかけ・開催から始まり、個別対応を行い、その個別対応の結果をさらに持ち寄ってケース会議を行い、その検討結果で対応方針を修正し、次の個別対応を行う、というサイクルを繰り返すことで実施される。

a. ケース会議の呼びかけ・開催

通告された児童相談所が、児童福祉機関の代表という立場からも、呼びかけを行うのが本来である。ただし、児童相談所に余裕がないときなどは、保健所が地域保健活動の立場から呼びかけてもよい。また、入院していたり、頻回に通院しているケースでは、医療機関から各関係機関に呼びかけてもよい。医療機関から声をかけると、その社会的立場もあってか、他の機関も集まりやすいという利点がある。

b. 呼びかけ先

ケース会議の関係機関は、児童虐待へかかわることが業務となっている機関（児童相談所、福祉事務所、保健所、保健センター）、発見機関、その子どもと家族に直接・間接的にかかわっているその他の機関（保育所・幼稚園、学校、医療機関など）、および警察である。最近は、各地域に民間の虐待防止ネットワークが設立されており、そうした機関が地域にあれば、その機関も関係者となる。

ケース会議は、関係者全員が揃わなければいけないとは考えず、その時に集まれる人でまず早めに最初の会議を持つことが大事である。

c. 時期

ケース会議の時期は、早ければ早いほどよいが、実際には、その子どもや家族の情報を、各機関が整理する時間が必要なため、通告からある程度の時間間隔は必要であろう。緊急性のある事例では、通告から2週間以内、そうでない事例では、4週間以内に開催することを目安とするとよいであろう。

d. ケース会議の流れ

①関係者間の情報と理解の共有化

ケース会議では、各機関が持っている事例に関する情報を提示し合う。情報を照ら

し合わせ、虐待の確かさ、虐待の重症度、家族の問題点、家族のキーパーソンなどについての情報の共有化を行う。

②虐待の判断と重症度判定、およびその共有化

情報と個々の情報に対する理解が共有化されれば、その事例の虐待の判断と重症度の判定を行う。生命の危険、あるいは重度虐待と判断されたときには、子どもを家庭から離す対応方針となる。重症度の判断は、対応チームの全員が共有化する必要がある。この共有化が進まなければ、対応についての議論が噛み合わなくなり、関係者間の対立、対応の中断といった事態になりかねず、重要な作業である。

③関係者相互の役割分担の明確化

重症度の判定とその共有化が進めば、対応方針が決まるので、それに基づき、関係者が自分の立場・状況からしなければいけないこと、できることを出してもらい、各自の役割分担を決めるる。

④次回ケース会議の予定決定

ケース会議は、1回だけで終えてはいけない。子どもの虐待への対応は息の長い仕事であり、対応がうまくいかないことの方が多く、対応方法を検討する必要が何度でも出てくるからである。初回のケース会議の折りに、その後の会議の予定を決めておくべきである。

⑤個別対応

決められた役割分担に応じて、各自が自分の役割を実行する。個別対応の途中で困難や新たな問題にぶつかった際には、とりあえず、ケース会議の呼びかけ機関に連絡し、相談することにするとよい。

⑥対応結果の検討と対応方針の修正

2回目のケース会議では、それまでの個別対応の結果を持ち寄り、問題点を整理し、必要に応じて対応方針の修正と新たな役割分担を行い、また、対応の実際を行っていく。あとは、こうした作業の繰り返しを行っていくことになるのである。

8. 歯科と児童虐待

1 歯科医が虐待を疑うとき

歯科医は、口腔領域の診療が専門であるので、通常の診療では、子どもの全身を診ることはほとんどないであろう。そこで、歯科領域で理解しやすいように、歯科領域における児童虐待の概要を**資料 1-18** にまとめた。

資料 1-18　歯科と児童虐待

▶▶▶ **虐待の種類と歯科領域の所見**
　　身体的虐待：暴力による歯牙損傷・欠損、口腔内裂傷
　　ネグレクト：口腔内不衛生による多数のう歯、歯肉炎
　　性 的 虐 待：口腔性交による口腔内裂傷、口腔内性感染症

▶▶▶ **歯科医が虐待を発見できるとき**
　　保育・教育現場での歯科健診時
　　歯牙欠損等の口腔内外傷による受診時

▶▶▶ **歯科医が虐待を疑うとき**
　　多数のう歯＋治療の必要性を伝えても治療をしていない、衣服・皮膚の不潔さ
　　歯牙欠損＋受傷理由があいまい、親の説明に一貫性がない、受診が遅い

2　診療録の記載（資料1-19）

　診療録（カルテ）の記載も、基本は、通常の診療と変わらないが、いくつか留意した方がよい点がある。

　子どもの状態についての保護者の説明は、できるだけ、保護者が話したことばのままで記載しておく。こちらが要約して書いてしまうと、後で、自分が話したことと違うといわれたとき、こちらが手を加えた分、反論できなくなってしまうからである。また、誰が話したことかも必ず記載しておく。保護者が多い訳だが、ときに、一緒に来たきょうだいや祖父母が何かを話すこともある。そうした事柄も、気になるものはそのことばのままに書き留め、誰からの話なのかを記載しておくとよい。

　問診中、子どもの診察・処置中の保護者の言動についても、気が付く範囲で記述的にそのまま記載しておくとよい。たとえば、『子どもの手術中、電話で笑いながら話しをしていた』などのようにである。『心配していないように見えた』などのように、こちら側の印象だけを記載するのはよくない。実際、どうだったかは分からないからである。

　子どもの身体所見は、できるだけ具体的、記述的に記載する。特に、外傷については、図も併用し、詳細に記載するようにする。皮膚の性状も記載する。清潔に保たれているか、おむつかぶれなどがひどくないか、などである。子どもの言動についても、保護者の場合と同様、具体的、記述的にそのままを記載する。

　診察した日だけでなく時間を記載するのを忘れないようにする。子どもと一緒に誰が来たのか、両親なのか、母親だけなのか、他の子どもや親戚も一緒だったのかも記載しておく。最後に、診た医師の署名を忘れないようにする。

資料1-19　虐待が疑われる子どもの診療録記載上の留意点

>>> **問診に関して**
　　1. 情報の話し手を必ず記載
　　2. 保護者が話した通りのことばでそのまま記載
　　3. 診察中の保護者の言動もそのまま記載

>>> **子どもの所見に関して**
　　1. 外傷は部位、大きさ、形、色、数を記載
　　2. 外傷部位は図で示す
　　3. 子どもの言動もそのまま記載

>>> **その他**
　　1. 診察日時を記載
　　2. 保護者以外の付き添いがいたら、誰かを記載しておく
　　3. 診察した医師は診療録に署名をする

第2章 児童虐待と口腔状況の関連についての調査

　児童虐待というと、まず身体的虐待を思い浮かべるが、虐待の中で大きな割合を占めるものとしてネグレクト（養育放棄）もある。児童虐待に歯科がかかわる場合の一つに、口腔内外の損傷（歯牙破折、歯牙脱臼、外傷など）があるが、実際はこうした身体的虐待によって歯科を受診するケースはかなり少ないと思われる。なぜならば、口腔領域の外傷を伴うような救急の身体的虐待があれば、歯科よりも外科などの他科を受診することが先決であるからである。したがって歯科がかかわり得る虐待の多くは、ネグレクトによるものであると考えられる。

　東京都と東京都歯科医師会は、ネグレクトを受けている児童の口腔内状況を知ることにより、児童虐待との関連を明確にするため、以下の調査を実施した。

1. 調査の目的と概要

1）調査目的
　東京都（福祉局）と東京都歯科医師会は、歯科関係者が児童虐待の予防、早期発見へのかかわりを持つためと、子育て支援の観点からの歯科の取り組みを構築するために、平成14年度に実態調査を行った。

2）調査対象
　東京都内の児童相談所の一時保護所に保護している中学生未満の被虐待児童全員と、都内の乳児院に一時保護委託および措置している、おおむね1歳以上の被虐待児童全員。

3）調査期間および調査人数
　一時保護所：平成14年7月〜15年1月　　計147人
　乳　児　院：平成14年9〜11月　　　　　計 23人
　　　合計170人（年齢別内訳は表2-1の通りであった）

4）調査方法
　虐待の概要、生活習慣、口腔内状況について行った。

表2-1　調査対象児童数

	0歳	1歳	2歳	3歳	4歳	5歳	6歳	7歳	8歳	9歳	10歳	11歳	12歳	計
男	4	14	11	5	11	10	13	8	6	8	5	8	4	107
女	1	3	6	6	7	6	6	5	6	3	2	7	5	63
計	5	17	17	11	18	16	19	13	12	11	7	15	9	170

2. 調査結果

1　虐待の状況、身長・体重

虐待の分類

　図2-1に示すように、養育の放棄・怠慢／養育困難に関するものが最も多く、全体の62.9%を占めていた。次に多かった身体的虐待は、全体の45.3%であった。

　養育困難はいずれの年齢でもほぼ均等に見られた。養育の放棄・怠慢は、養育困難よりは人数が多く、いずれの年齢においても30～70%の割合で見られた。

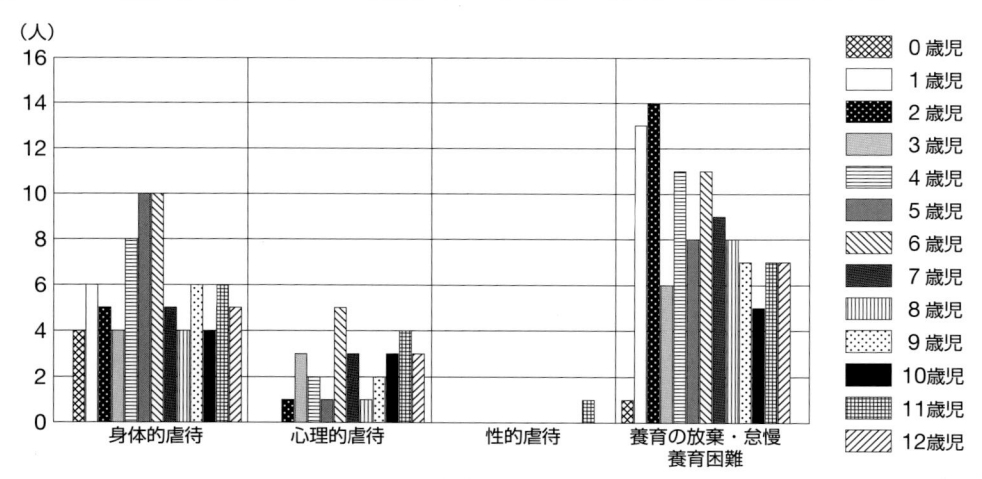

図2-1　虐待の分類と児童数

虐待者

　図2-2に示すように、いずれの虐待においても実母によるものが最も多く、次いで実父によるものであった。

　実父による虐待では、身体的虐待86.2%、養育の放棄・怠慢41.4%、心理的虐待31.0%の順であった。また実母によるものは、養育の放棄・怠慢60.6%、身体的虐待43.4%、心理的虐待19.2%の順であった。

第 2 章　児童虐待と口腔状況の関連についての調査

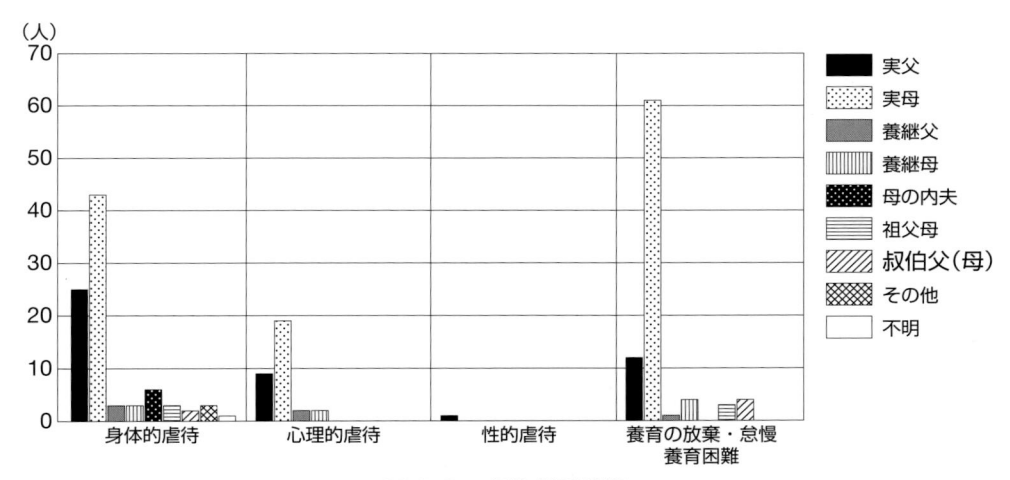

図 2-2　虐待者別分類

一時保護までの生活環境

被虐待児が家庭においてどのような生活環境であったかは、被虐待児の発育や口腔内状況に大きな影響を及ぼすものと考えられるが、今回、家庭環境の聞き取り調査を行うことはほとんど不可能であった。

被虐待児の身長・体重

調査された被虐待児の平均身長および平均体重を、対照群として 4 歳以下は厚生労働省雇用均等児童家庭局による「平成 12 年乳幼児身体発育調査報告書」と、また 5 歳以上は「平成 13 年度学校保健統計調査」と比較した（表 2-2、2-3）。

表 2-2　被虐待児身長（性・年齢別）

	0 歳児	1 歳児	2 歳児	3 歳児	4 歳児	5 歳児	6 歳児
調査数（人）	5	17	17	11	18	16	19
男子（cm）	68.7	76.8	84.9	93.5	102.2	111.0	113.4
対照	72.0	79.4	87.1	94.0	104.9	110.7	116.7
対照との差	-3.3	-2.6	-2.2	-0.5	-2.7	0.3	-3.3
女子（cm）	65.9	79.0	87.9	95.6	103.3	105.7	116.4
対照	72.7	77.0	86.0	93.7	104.3	109.9	115.8
対照との差	-6.8	2.0	1.9	1.9	-1.0	-4.2	0.6
	7 歳児	8 歳児	9 歳児	10 歳児	11 歳児	12 歳児	全体
調査数（人）	13	12	11	7	15	9	170
男子（cm）	119.9	124.0	126.6	136.1	143.4	152.7	
対照	122.5	128.1	133.6	139.1	145.3	152.9	107
対照との差	-2.6	-4.1	-7.0	-3.0	-1.9	-0.2	
女子（cm）	117.0	122.8	127.0	139.9	144.1	146.7	
対照	121.7	127.5	133.5	140.3	147.1	152.1	63
対照との差	-4.7	-4.7	-6.5	-0.4	-3.0	-5.4	

「対照」の 4 歳以下は厚生労働省雇用均等児童家庭局「平成 12 年乳幼児身体発育調査報告書」より
「対照」の 5 歳以上は生涯学習政策局調査企画課「平成 13 年度学校保健統計調査」より

表2-3　被虐待児体重（性・年齢別）

	0歳児	1歳児	2歳児	3歳児	4歳児	5歳児	6歳児
調査数（人）	5	17	17	11	18	16	19
男子（kg）	8.2	10.2	11.9	14.8	16.6	19.3	20.8
対照	8.9	10.2	12.1	14.0	16.9	19.2	21.8
対照との差	−0.7	0.0	−0.2	0.8	−0.3	0.1	−1.0
女子（kg）	6.9	10.4	12.6	14.6	16.5	17.9	21.4
対照	8.7	9.5	11.5	13.5	16.5	18.8	21.3
対照との差	−1.8	0.9	1.1	1.1	0.0	−0.9	0.1

	7歳児	8歳児	9歳児	10歳児	11歳児	12歳児	全体
調査数（人）	13	12	11	7	15	9	170
男子（kg）	24.4	24.9	27.5	31.6	48.6	49.4	
対照	24.4	27.7	31.2	35.1	39.4	45.4	107
対照との差	0.0	−2.8	−3.7	−3.5	9.2	4.0	
女子（kg）	22.1	24.2	25.3	38.8	38.9	40.7	
対照	23.8	27.0	30.7	34.9	40.1	45.0	63
対照との差	−1.7	−2.8	−5.4	3.9	−1.2	−4.3	

「対照」の4歳以下は厚生労働省雇用均等児童家庭局「平成12年乳幼児身体発育調査報告書」より
「対照」の5歳以上は生涯学習政策局調査企画課「平成13年度学校保健統計調査」より

　その結果、身長では、男では5歳児以外はすべてにおいて対照群より低く、最大は9歳児の7cmであった。女では1、2、3、6歳児では0.6〜2.0cm対照群より上回っているものの、それ以外では0.4〜6.8cm低い傾向にあった。
　体重では男の11歳児で9.2kg、12歳児で4.0kg被虐待児の方が多く、9歳児、10歳児ではそれぞれ3.7kg、3.5kg被虐待児の方が少なかったが、それ以外では大きな差異は見られなかった。女では9歳児で5.4kg、12歳児で4.3kg被虐待児の方が少なく、10歳児では3.9kg被虐待児の方が多かったが、それ以外では大きな差異は見られなかった。

2　口腔内状況

　調査結果を、対照群として0〜4歳は東京都内保育所健診（「平成14年度東京の歯科保健」による、多摩地区保育所及び幼稚園の歯科保健結果）と、5〜11歳は「平成13年度東京都学校保健統計書」と比較した。

6歳未満の被虐待児

a．dmf者率

　被虐待児のdmf者率は、調査対象者の47.6%で、対照群20.9%の2倍以上であった。特に2歳児では41.2%がう蝕を所有しており、対照群14.3%の約3倍であった（図2-3）。

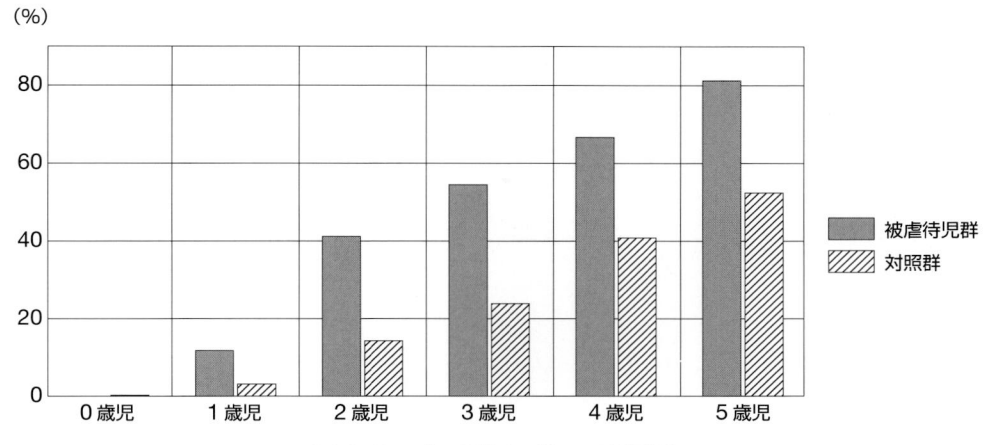

第2章 児童虐待と口腔状況の関連についての調査

図2-3 dmf者率（0〜5歳児）

b. 一人平均dmf歯数

被虐待児の一人平均dmf歯数は約3本で、対照群0.88本の約3倍であった。特に2歳児の3.53本は、対照群0.48本の約7倍であった（図2-4）。

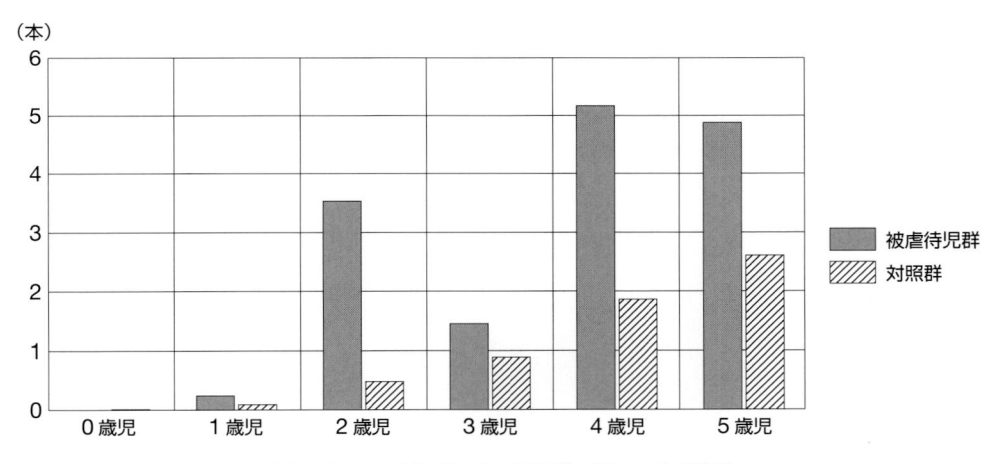

図2-4 一人平均dmf歯数（0〜5歳児）

c. 未処置歯所有率

対照群の一人平均未処置歯数は0.44本で、う歯あり一人平均dmf歯数4.21本の1割程度である。これに対して被虐待児では、う歯あり一人平均dmf歯数6.28本の半数近い2.69本が未処置であった。未処置歯所有率は5歳児では80％を超えていた（図2-5）。

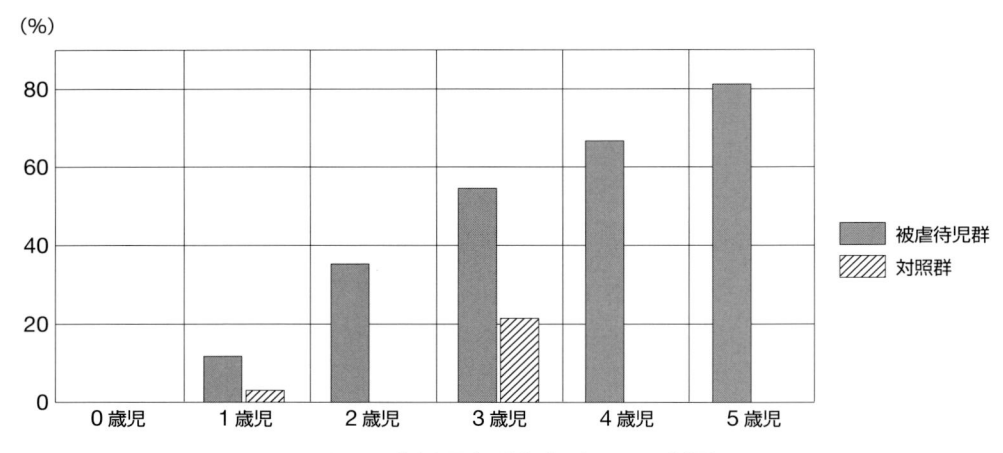

図2-5　未処置歯所有率（0〜5歳児）

>>> 6〜12歳の被虐待児

a．DMF者率

　被虐待児のDMF者率は、対照群に比べ、6歳児と10歳児を除いて高率であったが、対照群との差は6歳未満児ほど顕著ではなかった（図2-6）。

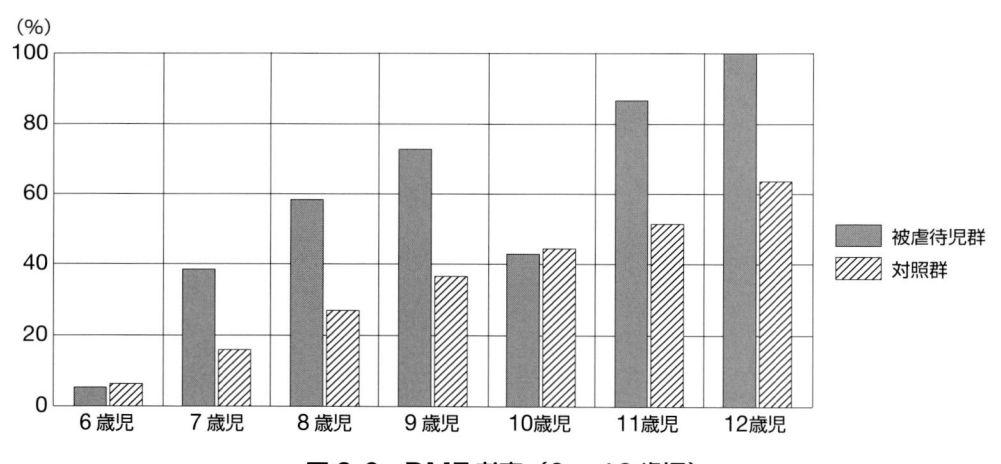

図2-6　DMF者率（6〜12歳児）

b．一人平均DMF歯数

　6歳児を除きすべての年齢で、被虐待児の方が対照群よりDMF歯数が高く、また11歳児、12歳児における一人平均DMF歯数は、それぞれ4.2本、6.89本で、対照群の1.57本、2.19本に比べ約3倍前後であった（図2-7）。

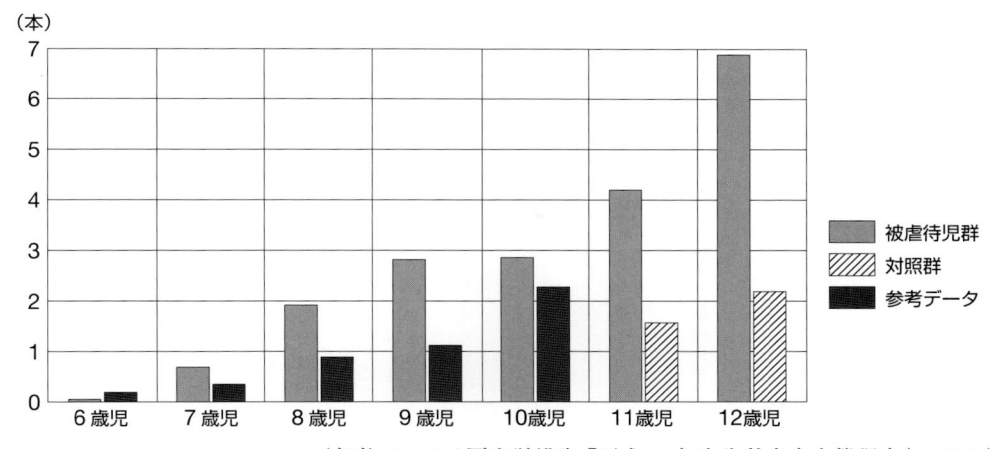

(参考データは厚生労働省「平成11年度歯科疾患実態調査」による)

図 2-7　一人平均DMF歯数（6〜12歳児）

c．F歯率

　さらに、11歳児、12歳児におけるF歯率を対照群と比較してみると、11歳児では12.7％（一般は73.9％）、12歳児では24.9％（一般は71.7％）で、対照群の2〜3割程度であった（図2-8）。

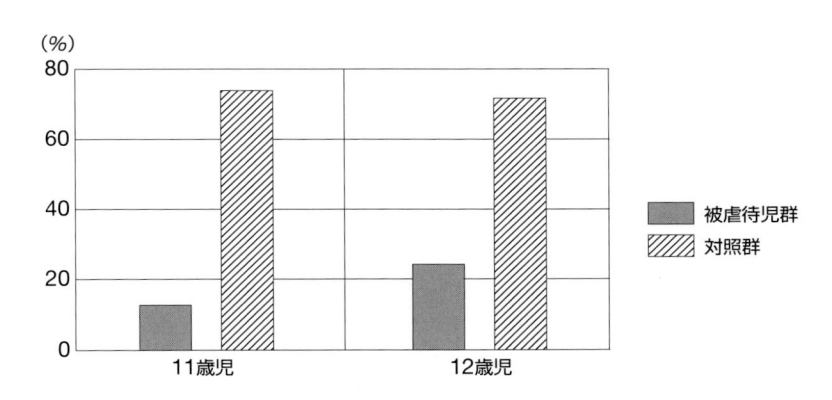

図 2-8　F歯率（11、12歳児）

養育放棄・養育困難（ネグレクト）の被虐待児

　養育放棄や養育困難の虐待は、今回の調査では虐待の中で最も多く見られたが、これらの被虐待児が、それ以外の虐待を受けた者と比べて、どのような差異が口腔内に現れるかを検討した。

　その結果、DMF（dmf）者率では、ネグレクトとそれ以外では年齢による差異は認められなかったが、一人平均DMF（dmf）歯数、未処置歯所有率、一人平均未処置歯数において、ネグレクトの方がそれ以外より多い傾向にあった（図2-9〜2-12）。

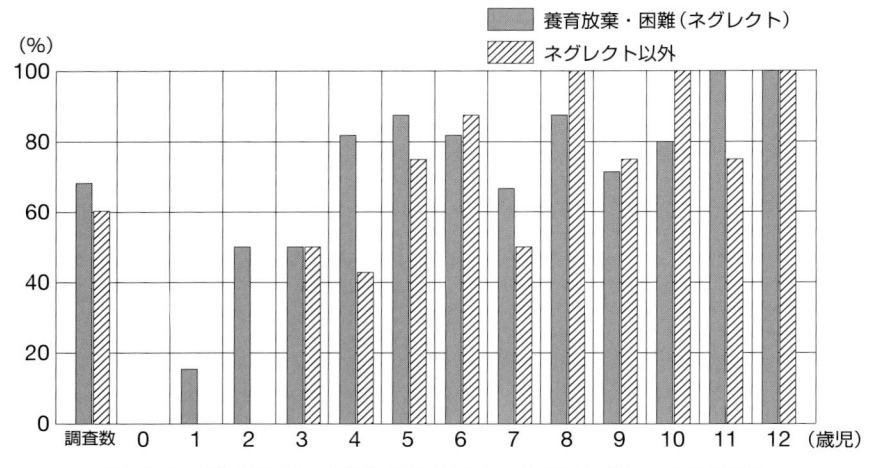

図2-9　養育放棄・困難　DMF（dmf）者率（0～12歳児）

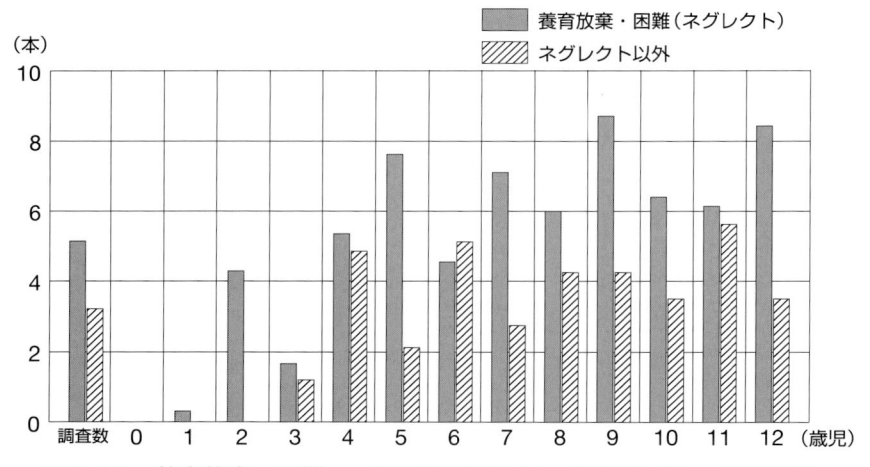

図2-10　養育放棄・困難　一人平均DMF（dmf）歯数（0～12歳児）

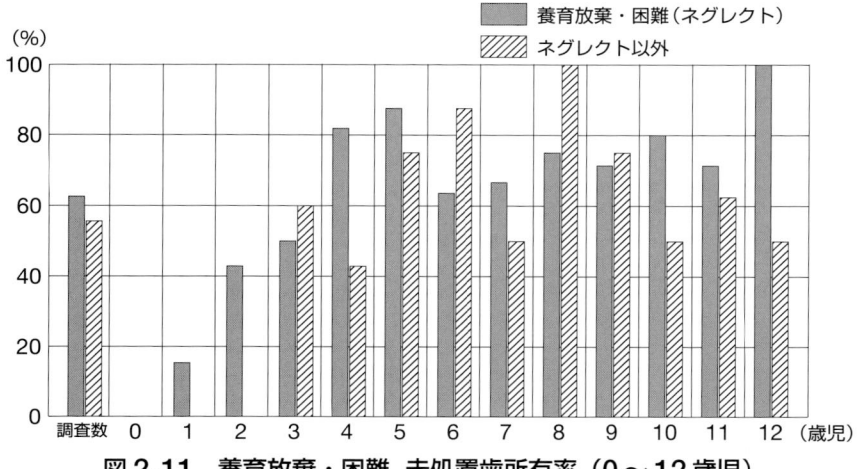

図2-11　養育放棄・困難　未処置歯所有率（0～12歳児）

第2章 児童虐待と口腔状況の関連についての調査

図2-12 養育放棄・困難 一人平均未処置歯数（0～12歳児）

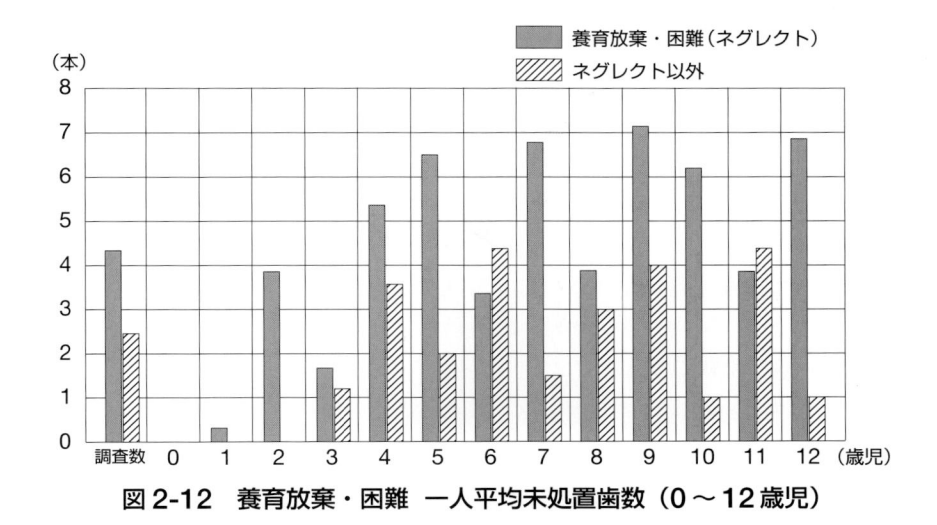

3. 調査結果のポイント

....1 虐待の状況、身長・体重について

調査の結果、虐待の分類ではネグレクトによるものが最も多く、虐待者では実母によるものが最も多かった。被虐待児の身長・体重は、対照群と比較して、やや発育が劣っている様子がうかがえた。

....2 口腔内状況について

≫≫ 6歳未満児の乳歯について

被虐待児のdmf者率が対照群の2～3倍であることは、口腔の清掃がいかになされていないかを示すものであり、一人平均dmf歯数が対照の3～7倍、未処置歯数がう歯あり一人平均dmf歯数の約半分であることは、いかに治療を受けていないかの表れである。

> dmf者率は、対照群の2倍以上
> 一人平均dmf歯数は、対照群の3倍以上
> 未処置歯数は、対照群の6倍以上
> 2歳児一人平均dmf歯数は、対照群の7倍以上

▶▶▶ 6〜12歳児の永久歯について

　被虐待児の一人平均DMF歯数は、6歳児を除きすべて対照群より高く、11、12歳児の一人平均DMF歯数が特に高いことは、いかに処置がなされていないかを物語るものである。

> 11、12歳児の一人平均DMF歯数はそれぞれ対照群の2.7倍、3倍
> 11、12歳児の治療率はそれぞれ対照群の2割以下、3割

▶▶▶ 養育放棄・養育困難について

　ネグレクトとそれ以外の虐待を比較した結果から、一人平均DMF（dmf）歯数、未処置歯所有率などが多いことから、ネグレクトを受けている児童は、歯科治療が必要であるにもかかわらず、必要な処置を受けていないことが想像される。

4. まとめ

　以上の実態調査により、被虐待児はう蝕も未処置歯も多いことが明白となった。6歳未満の乳幼児については、被虐待児の約半数がう蝕に罹患しており、一人平均でも約3本のう蝕を持っていることがわかった。特に2歳児では、すでに一人平均3.5本のう蝕が見られることは、低年齢被虐待児がいかに放置されているかを示すものである。また、6〜12歳児についても、7、8歳と11、12歳の第一、第二永久歯萌出時期にう蝕が多く、処置もされていないことが示された。

　このことから、う蝕や未処置歯の多い子どもが、養育放棄されている可能性が高いことがうかがえる。しかし逆に、う蝕や未処置歯数が多いことが必ずしも養育放棄に関係していないことも考慮すべきである。

　このような結果から、被虐待児の歯科疾患がいかに放置されているかが明白となった。歯科医師は口腔領域の専門家として、あらゆる状況において職務を全うする使命があるが、特に昨今大きな社会問題となっている児童虐待に関しても、積極的にかかわっていく必要があると思われる。歯科医師は、歯科医療や歯科健診などの機会を捉えて、児童虐待の発見、関係方面との連携を図る努力が必要であろう。

　今後の問題点として、保健所・保健センターでの1歳6ヵ月児、3歳児歯科健診や、保育園における歯科健診、さらには学校歯科健診において、そのような傾向が見られる場合は、虐待との関連に注目するよう心がけるべきである。特に、口腔内健診だけでなく、日常の生活習慣や、身長・体重などの発育状況もふまえた上での対処が求められる。

第3章 児童虐待の早期発見・予防と歯科医のかかわり

　今、少子化が進み子どもの養育に十分手がかけられるようなった一方、養育者の子育てに関する意識も変化し、児童虐待事例が急増している。このために、平成12年11月には「児童虐待防止法」が施行され、さらに「健やか親子21」でもその柱の一つに、「子どもの安らかな発達の促進と育児不安の軽減」として虐待への取り組みが挙げられている。

　この「児童虐待」という言葉は、一般的には子どもが親などの養育者からの暴力によって身体を傷つけられ、時には死に至るような身体的虐待だけをさすように受け取られがちである。確かに、虐待を受けた子どもの約半数が、こうした身体的虐待を受けている（平成14年46％）のは事実である。しかし、実際は子どもの虐待は身体的虐待ばかりではない。子どもの虐待は広範囲にわたっており、身体的虐待のほかに性的虐待、心理的虐待、養育放棄（ネグレクト）と、大きく4つに分けられることが多い。

1. 今までの児童虐待と歯科との関係

　「児童虐待防止法」が制定され、国、都道府県、市町村をはじめ保健所や医師会などでも、子どもの虐待の早期発見と防止のためにさまざまな取り組みを検討し実施してきている[1〜5]。そうしたなかで、医科医療機関からの虐待発見の通報が増加している一方、歯科関係者からの通報はほとんど見られない。

　歯科関係者は、幼稚園、保育園、小中学校などの教育現場では園歯科医や学校歯科医として、また歯科保健事業では1歳6ヵ月児や3歳児歯科健診の健診歯科医として、医療現場ではかかりつけ歯科医として、子どもたちと日常的に接してきた。そのなかでは、時として虐待を受けている子どもにも遭遇していたはずである。しかし、今までは歯科医師や歯科関係者がそうした子どもの虐待に気づくことはなかった。

　その理由としては、わが国における虐待の早期発見・防止の取り組みや虐待を受けた子どもの支援態勢など、虐待に関するさまざまな情報が、歯科関係者に提供されてこなかったことが考えられる。また、歯科関係からの虐待の情報や、虐待に関する歯科の役割の研究などがほとんどなかったことも挙げられる。

この根底には、歯科関係者ばかりではなく児童虐待対策の関係者においても、虐待を受けた子どもと歯科との関係について、歯が折れていたり、口の中が切れていたり、顔が腫れ上がったり、さらには顎骨が折れているなど[6]の身体的虐待がある場合だけを想定していたことがある。しかし現実には、身体的虐待を受けていて全身に大きな損傷があるような子どもが、歯科診療所に歯の破折などを主訴として来院することはほとんど考えられない。これは、身体的虐待をしているような養育者はその行為を隠蔽し、歯が折れた程度で歯科を受診させる気などないことも関係している。
　このために、「児童虐待防止法」の第5条のなかで早期発見にかかわる職種として、医師および保健師は規定されていても、歯科医師や歯科衛生士は含まれていない。このことからも明らかなように、児童虐待と歯科との関係は、今まで児童虐待関係者の視野に入ることもなかった。

2. 生活習慣と歯科疾患

　今日、人々の健康意識の向上とともに歯科保健への関心も高まり、口の中の健康づくりにも積極的に取り組むようになってきている。その結果、厚生労働省の歯科疾患実態調査でも明らかなように、特に子どもの口腔内状況についてはう蝕罹患率の低下や治療率の向上などが見られ、大きく改善されてきている（図3-1〜3-6）。
　乳歯のう蝕については間食の種類や回数、歯みがき習慣などの日常の生活習慣が関与することも明らかになってきており[7,8]、東京都学校歯科医会の調査でも、う蝕の少ない子どもは早寝早起きで食事もきちんとするなど、健康的で規則正しい生活を送っているという結果が出ている。また、養育者が積極的に子どものためのイベントに参加したり、一緒に動物園に行ったりしている家庭では、子どものう蝕や未処置歯が少ない傾向も見られた。

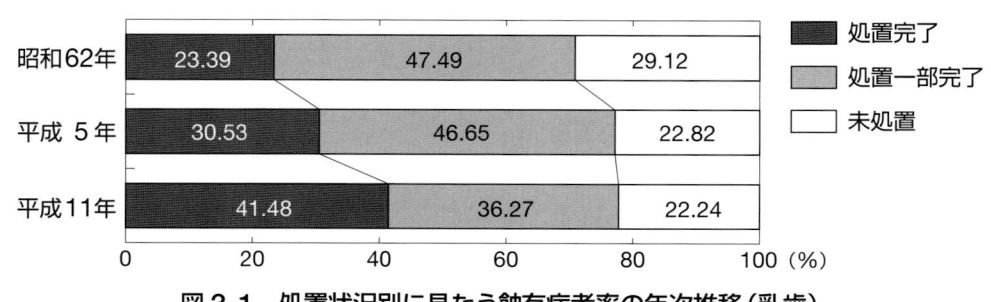

	処置完了	処置一部完了	未処置
昭和62年	23.39	47.49	29.12
平成5年	30.53	46.65	22.82
平成11年	41.48	36.27	22.24

図3-1　処置状況別に見たう蝕有病者率の年次推移（乳歯）

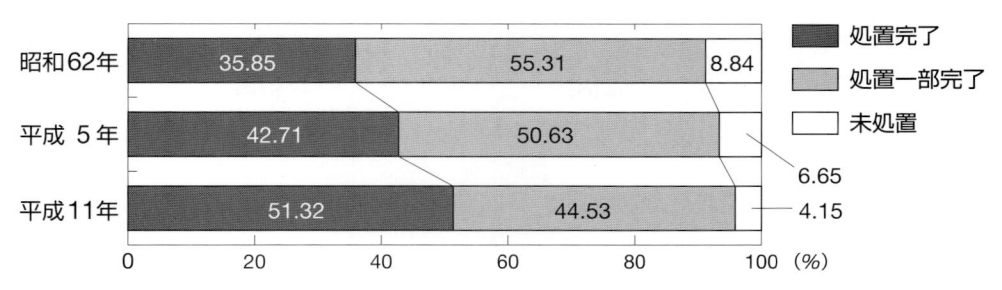

第3章 児童虐待の早期発見・予防と歯科医のかかわり

図3-2 処置状況別に見たう蝕有病者率の年次推移（永久歯）

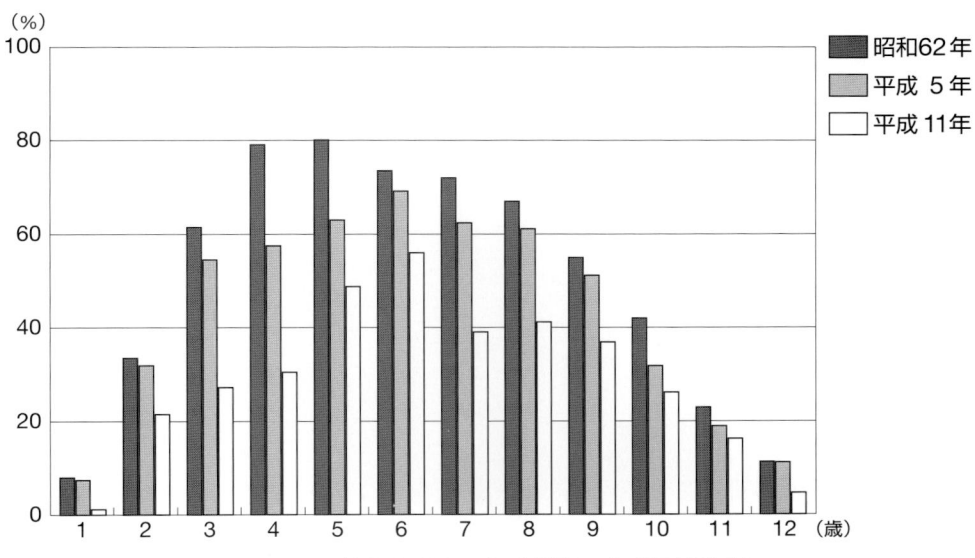

図3-3 う蝕有病者率の年次推移、年齢別（乳歯）

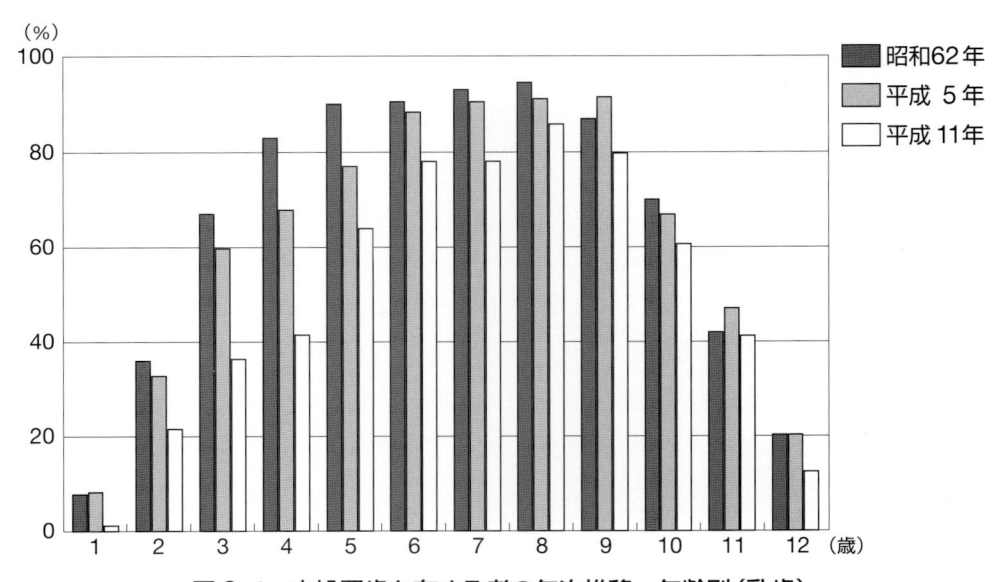

図3-4 未処置歯を有する者の年次推移、年齢別（乳歯）

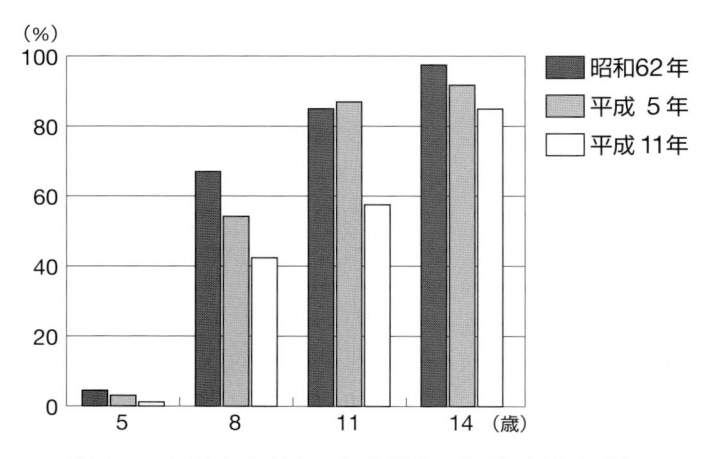

図3-5　う蝕有病者率の年次推移、年齢別（永久歯）

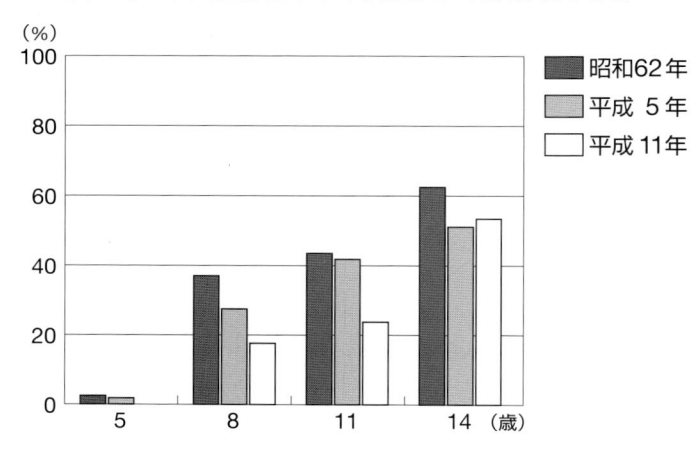

図3-6　未処置歯を有する者の年次推移、年齢別（永久歯）

（図3-1〜3-6は平成11年厚生労働省の「歯科疾患実態調査結果」より作成）
注：平成11年の未処置歯の診断基準は、前回調査の診断基準とは異なる。

　一方で、虐待を受けている子どもたちの生活環境は、一般の子どもたちの場合とは異なることが推察される。たとえば、子どもだけを家や車の中に置いて長時間遊興しているような養育者の下では、子どもの食事の時間や量、起床や就寝の時間など、その生活習慣が子どもにとって望ましいものとは考えにくい。生活習慣が悪化する傾向は、一時的な暴力による虐待よりも継続的な虐待であるネグレクト（養育の怠慢・放棄）を受けている子どもたちの場合に大きいと考えられる。ネグレクトは、平成14年度では虐待全体の4割近くを占めている。

　このような虐待を受けている子どもたちの口腔内が、一般の子どもたちと同様な状況にあるとは考えにくい。東京都と（社）東京都歯科医師会は、平成14年から15年にか

けて、児童虐待と口腔内状況の関連についての調査[9]を行い、その実態が初めて明らかとなった(本書第2章)。

　この調査の結果、一時保護所や乳児院に収容されている虐待を受けた子どもたちの口腔内は、一般の子どもたちに比べてう蝕歯がきわめて多く、治療してある歯の割合も低いことがわかった。

　調査した虐待を受けた子どもたちは、全身的な傷害の程度や衰弱などがあまり重篤でなく入院などはする必要がない子どもたちで、外傷による歯牙硬組織や口腔内軟組織の損傷は見受けられなかったということである。こうした傾向は、虐待のなかでもネグレクトの子どもたちにやや強く出ていた。調査結果からは、よい生活習慣をもっていない子どもにはよい口腔内環境が育成されていないことが確認されたことになる。

　しかしながら、この結果はう蝕の多い子どもが必ず虐待を受けているということを示すものではない。歯科健診の受診者や歯科治療に来院した患者で、口腔内にう蝕の多発が認められる場合やう蝕を放置している場合には、歯科医師や歯科衛生士が専門家としてう蝕治療の必要性や方法の説明をすることは当然であるが、そのうえで、う蝕発生の原因を口腔内だけに求めるのではなく、家庭環境や生活習慣などの背景を推察していくことがきわめて重要となる。

3. う蝕多発者に対するかかわり

　今日、子どものう蝕が減少しているなかで、歯科健診の際に時としてう蝕の多い子どもが見受けられる。このような場合、う蝕治療の必要性を保護者に説明することは医療人として当然のことであるが、う蝕の発生した状況と養育者がう蝕を放置している理由も確認する必要がある。う蝕をなくすためには、その子どもの発育・発達状況のほか、家庭環境や生活習慣も考えていかなくてはならない。

　う蝕ができる環境は、従前より口腔衛生学的には歯質、糖質、酸産生菌、時間との複合的要素で語られてきた。しかし、社会的要素を考えれば、ただ単に子どもやその養育者に「甘いものを控えましょう」「食べた後は歯を磨きましょう」という、一方的な歯科保健教育をするだけでは片手落ちになる。

　なぜ糖質摂取が過剰となるのか、酸産生菌が多くなるのか、その家庭環境などの生活の背景を考えていくことが重要となる。たとえば、朝早くから夜まで共働きで、保育園などに預けていた幼児を迎えに行ってから夕食をとると、子どもの寝る時間が遅くなってしまうことも考えられる。その結果、子どもは朝食をとる時間がなくなったり、食欲

がなくて朝食を要求しなくなったりということになる。また、兄弟が多く幼子を抱えている場合、上の子にまで手がかけられずつい頻繁に甘いものを間食に与えてしまうなど、子どもにとって望ましくない生活習慣があることも考えられる。子どもにとって望ましい環境を作っていくには、その養育者だけの問題ではすまない場合もある。これらのことは、歯科関係者も今後は子育てを支援する立場にたって、歯科相談や歯科保健活動をしていく必要性を示唆している。

また、子どもにう蝕のあることを知りながら放置している養育者に対しても、その背景を考える必要がある。

まず、養育者の歯科保健に対する意識が低い場合は、子どもが歯科受診を嫌がるからとか、子どもの歯はいずれ生え変わるからなどと安易に考えて治療を怠っていることが考えられる。この場合には、歯科関係者としては乳幼児期、学童期の子どもたちの口腔内環境が将来の口腔内に及ぼす影響や、全身とのかかわりなどについての歯科保健教育を養育者に対して行う必要がある。保健所、幼稚園、保育園、学校など子どもがかかわるなさまざまな場や地域住民への健康教育の場などで、養育者に伝えていくことが重要となる。

次に、養育者が歯科保健の重要性をある程度認識していても、家庭でその子ども以外に新生児を抱えている場合や、共働きや一人親で仕事が早朝から夜間にわたる場合には、通常の診療時間内に子どもを受診させるのが困難なこともある。このような場合には子どもが日常生活している地域で受診できるよう、かかりつけ歯科医ばかりでなく、地域の歯科医師会や行政機関が支援態勢を整えることが必要となる。

さらに、育児に精神的な苦痛を感じている養育者や、子育てに興味がなく育児放棄する養育者がいる場合が考えられる。東京都の報告書によれば、このような家庭は経済的困難や、夫婦間の不和、育児疲れ、孤立などの問題を抱えていることが多いこともわかっている[10]。この場合は子どもにとっての歯科的医療ネグレクトとして考え、養育者の育児困難や育児放棄がさらにエスカレートしていく前に、また身体的虐待が始まっていたらそれが重症化する前に、できるだけ早期に地域の子育て支援センターや児童相談所と連係を図り、育児支援にかかわっていくことが不可欠である。

4. 児童虐待に対する歯科関係者の今後の取り組み

身体的虐待を受けている子どもが発見された場合、子どもは心身ともに大きな損傷を受けており、医師、保健師等は事後措置を含めて医療人としてかかわりをもってきた。

しかしながら、すべての医師や保健師が死に至るような子どもの虐待にかかわってきたわけではない。虐待が身体生命の危機にまで及んだ場合、医療人として主にかかわるのは小児科医をはじめとして外科医や内科医であり、また、虐待を受けた心のケアをする場合には精神科医やケースワーカーが主体となる。眼科医、耳鼻咽喉科医、皮膚科医などは、歯科医と同様に主になってかかわるわけではない。特に歯科関係者にとっては、その専門的立場からかかわれることはほとんどなく、実際に今までは皆無だったといえる。

しかし、子どもの虐待のステージによって、医療関係者の担当と役割は変わっていくと考えられる。今後は歯科医師、歯科衛生士などの歯科関係者も、子どもの虐待に対していかにかかわれるのか、またどのような役割を担うべきなのかを考えていかなければならない。

歯科関係者は、子どもの多数歯う蝕やう蝕の放置などの口腔内状況を通じて、養育者が子どもの養育を半ば放棄していても子どもが何とか日常生活を送っているような状態、つまりネグレクトの虐待の初期を発見できる可能性があると思われる。生命に危険が及ぶような身体的虐待が始まって医師らとのかかわりが出てくる前の、初期の虐待を発見できる可能性があることは、虐待の重症化を予防するという点できわめて重要な意味をもつ。今後は、歯科医師も虐待のハイリスク[11]を十分理解したうえで、子どもの虐待を早期に発見し、その重症化を予防する役割を担っていくべきだと考える。

1 歯科健診の場において

保健所や歯科保健センターでの歯科健診

保健所などでの1歳6ヵ月児や3歳児の法定歯科健診において、多数歯う蝕やう蝕の放置、また歯の破折や損傷などが認められた場合、歯科医師や歯科衛生士は養育者から子育てに関する考え方を直接聞くだけでなく、母子健康手帳から情報を得ることや、保健所の保健師と連携をとることが必要となる。

a. 母子健康手帳からの情報

母子健康手帳の親が記入する事項がきちんと記載されているかどうか、婚姻形態、低体重出産や多子妊娠など通常でない妊娠出産経過があるかどうか、などの情報を得る。

b. 保健所機能の活用

幼児の間食摂取行動が母親の育児不安と関連があることがわかってきており[12]、保健所での3歳児健診の機会などに、間食指導をするだけでなくその背景にある母親の育児不安を把握していく。

c. 非受診者の調査

　一般の養育者のほとんどは、乳幼児の養育情報を得るために1歳6ヵ月児、3歳児の法定歯科健診を受診している。しかし、なかには何らかの理由によって受診していない子どももいる。このような場合、保健所の歯科関係者は他の健診受診状況を確認してみる必要がある。他の健診も受診していないような場合には、何らかの問題がある場合も考えられるので、地域の子育て支援センター等と連携をとることになる。

▶▶▶ 幼稚園、保育園、学校歯科健診

　園歯科医や学校歯科医は歯科健診、あるいは歯科保健教育の場で子どもたちと接してきた。こうした場で、今までは主にう蝕や口腔内の異常を発見して早期治療を促し、歯の健康づくりのための指導を行ってきた。

　しかし今後は、子どものう蝕や口腔内状況を通じてその子どもの生活環境を推察することも大切になる。そのためには、子どもの身体的発育状況や情緒、衣服などにも注目し、観察する必要がある。さらには、子どもの普段の状況などについての情報を保育士や養護教諭と連係して得ることも重要である。

　特に、定期歯科健診時に多数歯う蝕や未処置歯の多い子どもの場合には、学校歯科医は健診結果に基づいて治療勧告や歯科保健指導をしたうえで、数ヵ月後にその子どもの再度の健診を行って治療状況等を確認する必要がある。この際、口腔内に改善が認められない場合には、養護教諭や担任教諭と連係し、学校が養育者と子どもの関係を把握するための情報の一助とすることが必要である。

　その結果、子どもの虐待が疑われる場合は、学校を通じるか、直接歯科医師が関係機関に通報することとなる。

2　歯科診療の場において

　歯科診療所や病院歯科には、治療や健診のために多くの養育者と子どもが訪れる。このなかには、養育支援を必要としている家庭もあると考えられる。このため、平成16年4月の診療保険改定によって、医科診療所とともに歯科診療所も養育困難で支援を必要とする家庭の情報を区市町村関係支援機関に提供した場合、診療情報提供料として算定が認められることになった（平成16年3月10日　雇児総発第0310001号）。

　今後は、歯科医療従事者は歯科受診してきた子どものう蝕や未処置歯の多少および口腔内清掃状況、また時としては歯牙外傷や口腔内軟組織損傷などの口腔内情報だけではなく、その子どもの心身の発育状況や着衣、受診状況や性格に注意を払うことが不可欠となる。

また、養育者についても幼い子どもの治療に同伴しない、一緒に来院しても子どもの病状や経過の説明に興味を示さないなど、子どもへのかかわり方や態度にも気をつけ、子どもと養育者の服飾の違いなども観察することが必要である。

さらに、かかりつけ歯科医は妊産婦の受診時に胎児や兄姉となる子どもへの養育者の思いを把握することで、養育支援を必要とする家庭を発見できる可能性もあり、それが児童虐待防止に繋がっていく。

3 通報の義務

歯科医療従事者は、歯科疾患の状況等によって養育者と子どもの関係が好ましくない場合には、児童福祉法第25条に従って通告の義務がある。歯科医療従事者が診療上知りえた情報を虐待の疑いとして通告することは、秘守義務違反にはあたらない。

また、虐待であるかどうか確信がない場合でも、通告を受けた児童相談所等が総合的に判断するものであって、実際には虐待でなかった場合でも何ら問題が生じることはない。また、通告者の情報が相手に知られてしまうこともない。

今後は、歯科関係者が児童相談所における流れと機能（図3-7）を理解し、養育支援を必要としている養育者のため、また虐待を受けている子どもの心身的状況の悪化を防

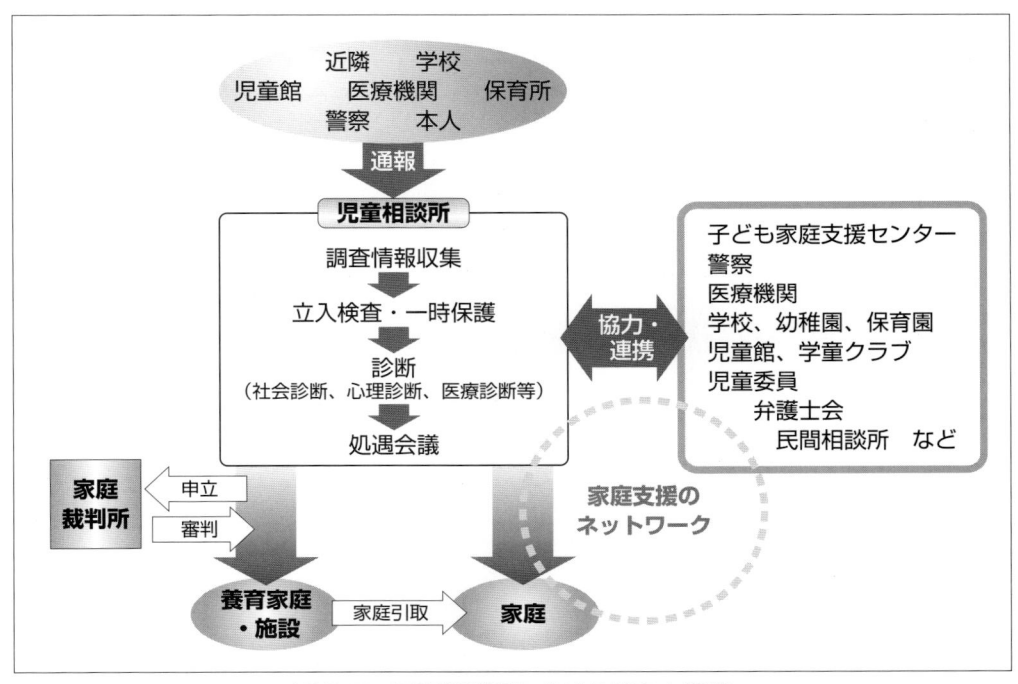

図3-7　児童相談所における流れと機能
（東京都児童相談センター：リーフレット「みんなの力で防ごう児童虐待」より改変）

ぐためにも、少しでも早く積極的に関係機関に情報提供することが望まれる。

　情報の提供先としては、各都道府県の児童福祉関係の部署または児童相談所、各区市町村に設置されている子育て支援センター、保健所または保健センター等がある[13]（図3-8、3-9）。

```
口腔内の問題
├─ う蝕 ─あり→ 多数歯う蝕
│                ├なし→ 治療状況 ─あり→ 歯科保健教育
│                │                 └なし→ 原因の確認
│                └あり→ 治療状況 ─なし→ 原因の確認
│                                  └あり→ 歯科保健教育
│                  1. 歯科保健の知識
│                  2. 経済・時間的要因
│                  3. 養育に対する考え
└─ 歯牙損傷、口腔軟組織損傷 ─あり→ 原因の確認
                                    他の外傷の有無
```

その他の視点

子ども	養育者
1. 発育状況	1. 受診対応
2. 対人態度	2. 子どもへの対応
3. 養育者の有無による態度の変化	3. 待合室での他人との接し方
4. 着衣	4. 経済状況

↓通報

通報先
児童相談所、警察
子ども家庭支援センター
保健所
学校

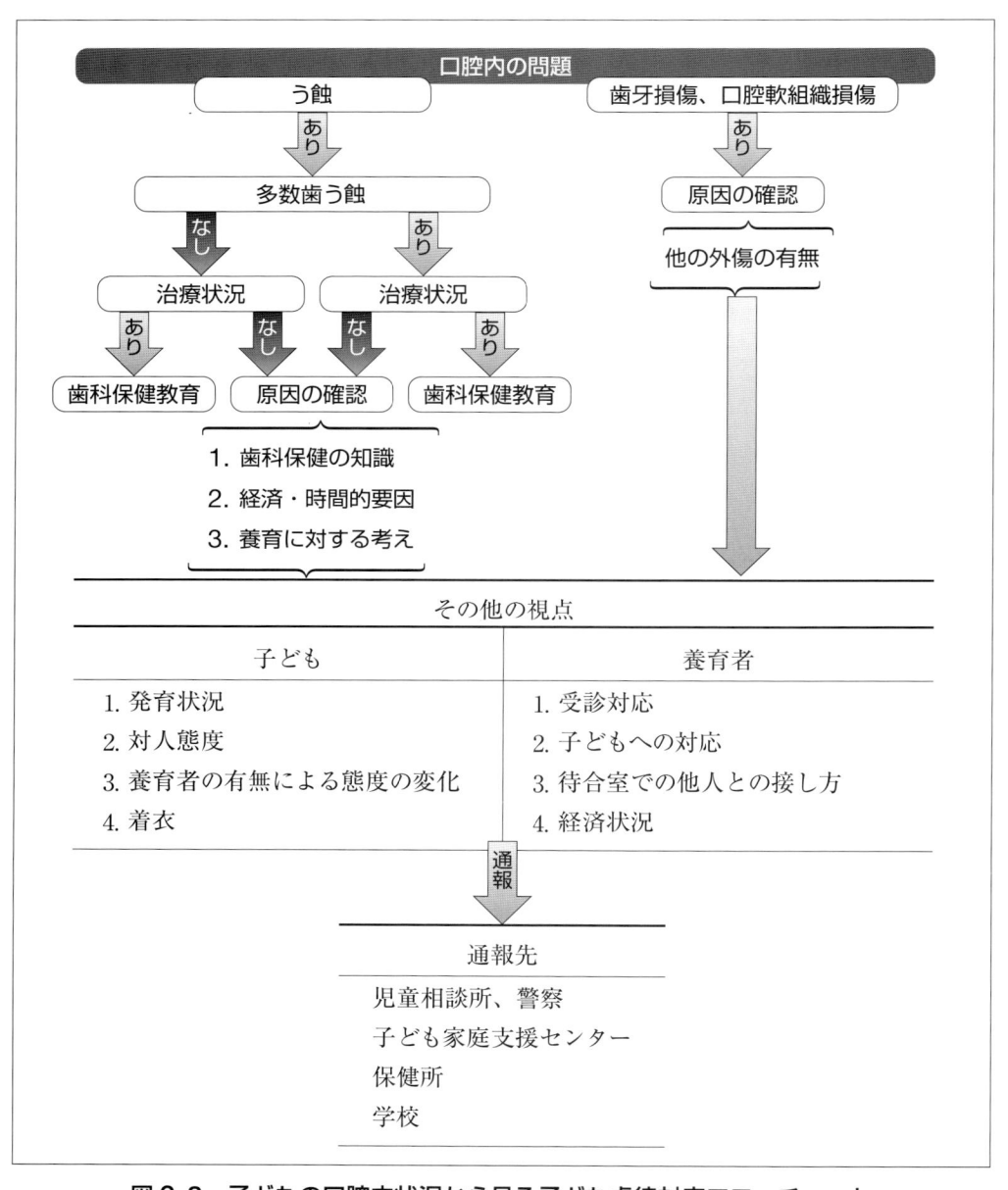

図 3-8　子どもの口腔内状況から見る子ども虐待対応フローチャート
（(社)東京都歯科医師会：「児童虐待防止マニュアル」より改変）

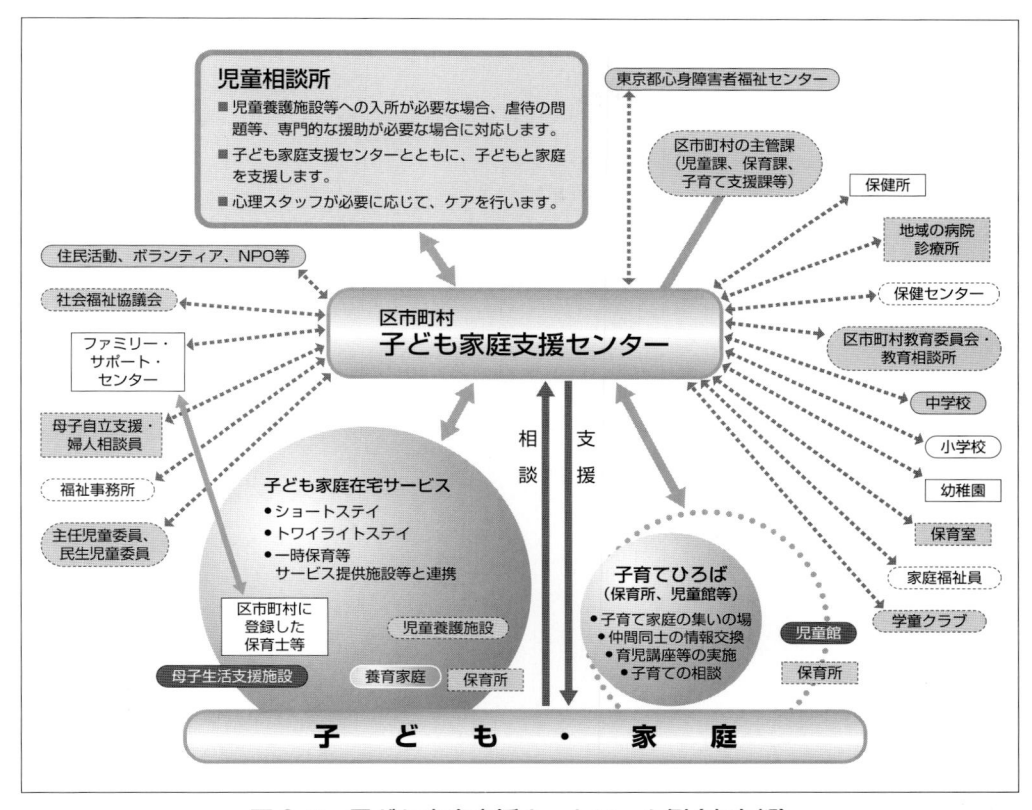

第3章 児童虐待の早期発見・予防と歯科医のかかわり

図 3-9 子ども家庭支援ネットワーク例（東京都）
（東京都福祉局子ども家庭部計画課：リーフレット「東京の子育て支援」より改変）

参考文献

1) 愛知県瀬戸保健所豊明支所：虐待予防のための有効な乳幼児健診の検討―虐待危険因子の早期発見シートの開発―，2002.
2) 長野みさこ：平成14年度地域保健総合推進事業 児童虐待予防対策における保健所の役割に関する研究 報告書，事業者長野みさこ，2003.
3) 東京都児童相談センター：医療機関用子どもの虐待防止マニュアル，1999.
4) 柳川敏彦：小児虐待防止への取り組み―プライマリ・ケアから地域連携へ―，プライマリ・ケア，25巻，69〜72，2002.
5) ㈳日本医師会監修：児童虐待の早期発見と防止マニュアル―医師のために―，明石書店，2002.
6) 愛知県歯科医師会：歯科医療機関用児童虐待対応マニュアル，2003.
7) 奥野雅典，他：幼児う蝕と歯磨き・間食習慣に関するコホート研究，日本公衛誌，41巻，625〜628，1994.

8) 江田節子：幼児のう蝕に関連する生活習慣とその因子，小児保健研究，60巻，757～763，2001．
9) 森岡俊介：子ども虐待（歯科との関わり），東京都歯科医師会雑誌，51巻，806～811，2003．
10) 東京都福祉局：児童虐待の実態―東京の児童相談所の事例に見る―，東京都福祉局こども家庭部，2001．
11) 子ども虐待予防地域保健研究会：子ども虐待予防のための地域保健活動マニュアル，社会保険研究所，2003．
12) 岩田幸子，他：3歳児乳歯う蝕と母親の育児不安，日本公衛誌，50巻，1144～1152，2003．
13) ㈳東京都歯科医師会：児童虐待防止マニュアル―かかりつけ歯科医の役割―，2004．

付録

児童虐待の防止等に関する法律（抜粋）

公布：平成12年5月24日法律第82号

（目的）
第一条　この法律は、児童虐待が児童の心身の成長及び人格の形成に重大な影響を与えることにかんがみ、児童に対する虐待の禁止、児童虐待の防止に関する国及び地方公共団体の責務、児童虐待を受けた児童の保護のための措置等を定めることにより、児童虐待の防止等に関する施策を促進することを目的とする。

（児童虐待の定義）
第二条　この法律において、「児童虐待」とは、保護者（親権を行う者、未成年後見人その他の者で、児童を現に監護するものをいう。以下同じ。）がその監護する児童（十八歳に満たない者をいう。以下同じ。）に対し、次に掲げる行為をすることをいう。
一　児童の身体に外傷が生じ、又は生じるおそれのある暴行を加えること。
二　児童にわいせつな行為をすること又は児童をしてわいせつな行為をさせること。
三　児童の心身の正常な発達を妨げるような著しい減食又は長時間の放置その他の保護者としての監護を著しく怠ること。
四　児童に著しい心理的外傷を与える言動を行うこと。

（児童に対する虐待の禁止）
第三条　何人も、児童に対し、虐待をしてはならない。

（児童虐待の早期発見）
第五条　学校の教職員、児童福祉施設の職員、医師、保健師、弁護士その他児童の福祉に職務上関係のある者は、児童虐待を発見しやすい立場にあることを自覚し、児童虐待の早期発見に努めなければならない。

（児童虐待に係る通告）
第六条　児童虐待を受けた児童を発見した者は、速やかに、これを児童福祉法（昭和二十二年法律第百六十四号）第二十五条の規定により通告しなければならない。
　2　刑法（明治四十年法律第四十五号）の秘密漏示罪の規定その他の守秘義務に関する法律の規定は、児童虐待を受けた児童を発見した場合における児童福祉法第二十五条の規定による通告をする義務の遵守を妨げるものと解釈してはならない。
第七条　児童相談所又は福祉事務所が児童虐待を受けた児童に係る児童福祉法第二十五条の規定による通告を受けた場合においては、当該通告を受けた児童相談所又は福祉事務所の所長、所員その他の職員及び当該通告を仲介した児童委員は、その職務上知り得た事項であって当該通告をした者を特定させるものを漏らしてはならない。

子どもの年齢別身長・体重の平均値

　被虐待児の身長・体重は、平成14年度に東京都福祉局と東京都歯科医師会が行った「児童虐待と口腔内状況の関連についての調査」（第2章参照）による。

　対照の身長・体重は、4歳以下は厚生労働省雇用均等・児童家庭局の「平成12年乳幼児身体発育調査報告書」、5歳以上は文部科学省生涯学習政策局の「平成15年度学校保健統計調査速報」による。

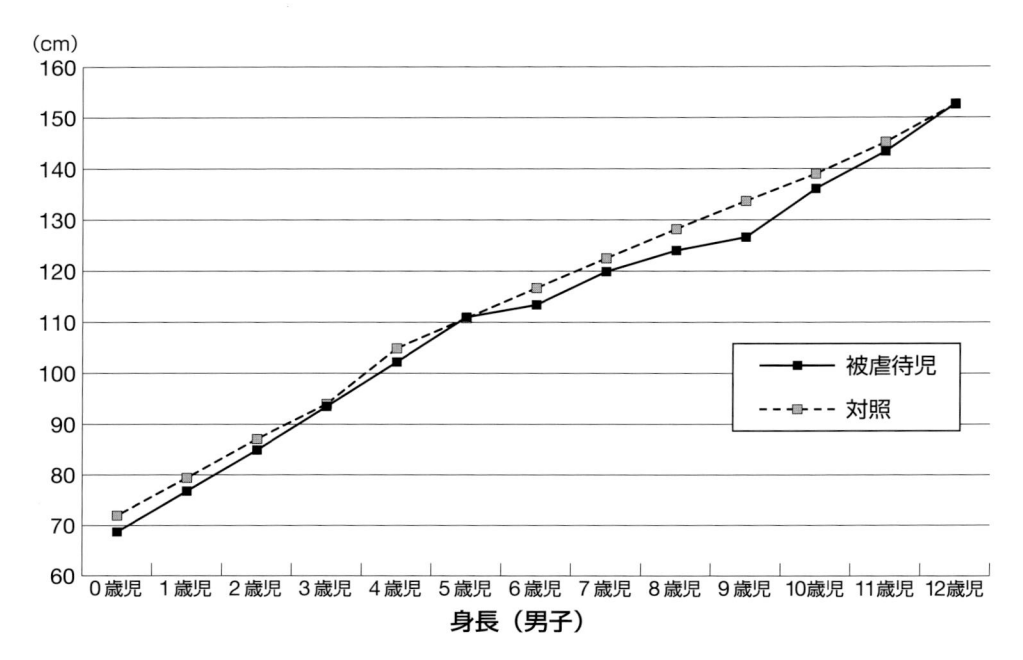

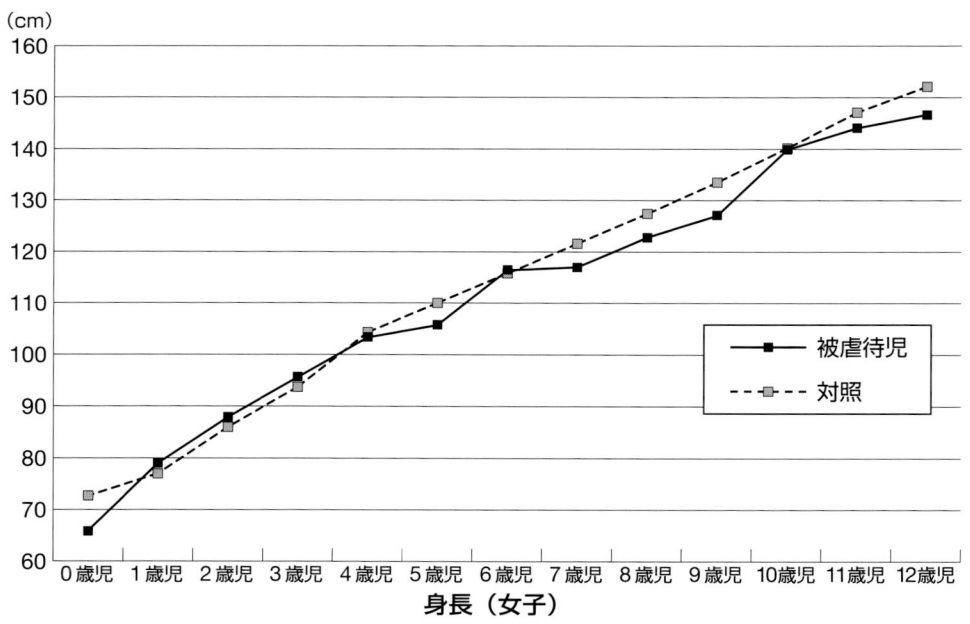

身長（男子）

身長（女子）

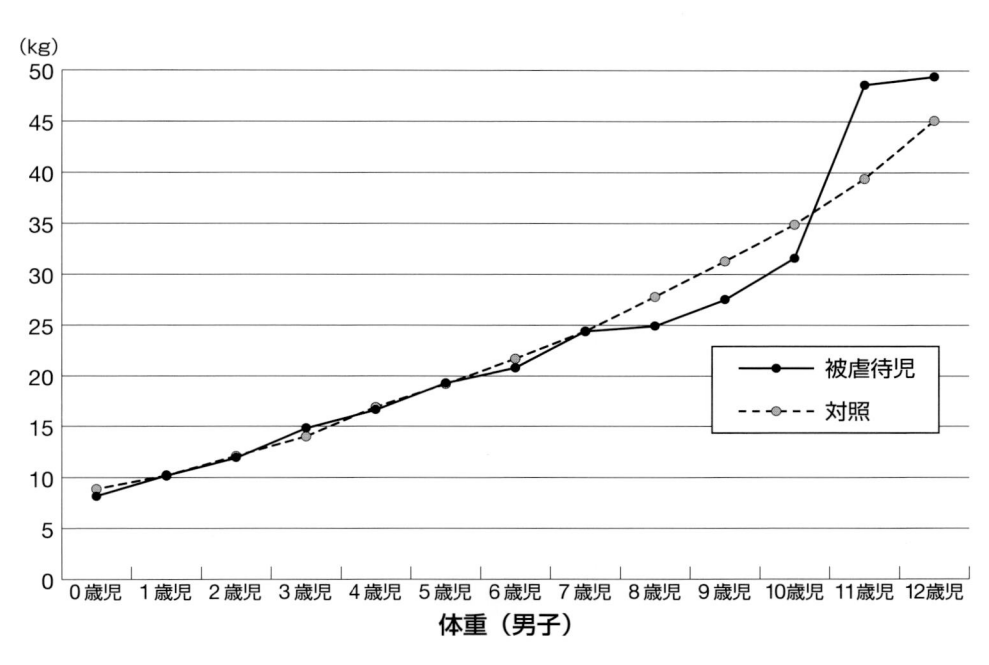

付録 ● 子どもの年齢別身長・体重の平均値

体重（男子）

体重（女子）

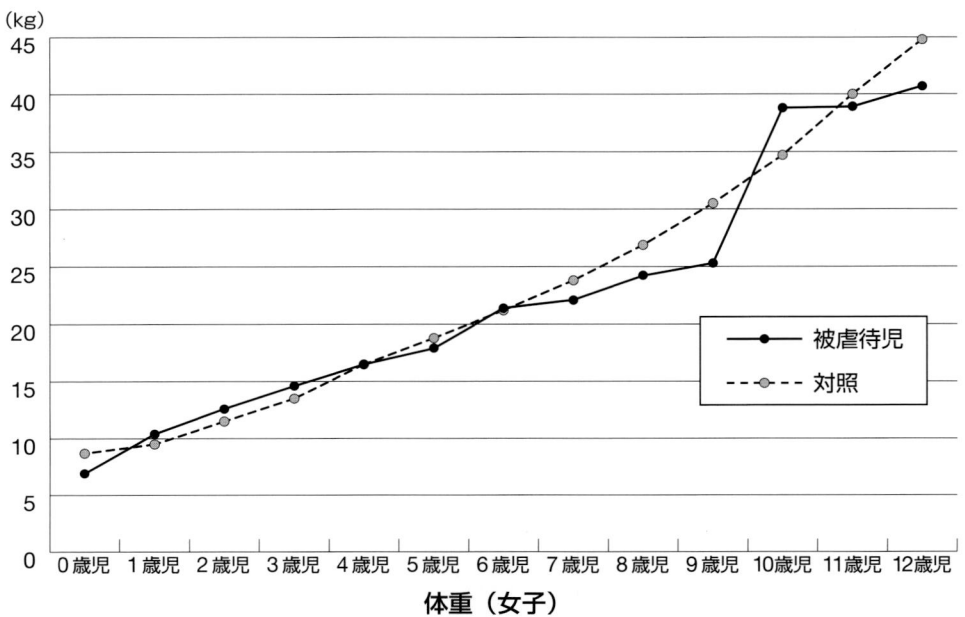

53

全国児童相談所一覧

(平成15年4月1日現在)

都道府県政令指定都市	児童相談所	〒	住　所	電話番号
北海道	中央児童相談所	064-8564	札幌市中央区円山西町2-1-1	011-631-0301
	旭川児童相談所	070-0040	旭川市10条通11	0166-23-8195
	稚内分室	097-0003	稚内市こまどり2-2-3	0162-24-1477
	帯広児童相談所	080-0802	帯広市東条南24-14	0155-22-5100
	釧路児童相談所	085-0053	釧路市豊川町3-18	0154-23-7147
	函館児童相談所	040-8552	函館市中島町37-8	0138-54-4152
	北見児童相談所	090-0061	北見市東陵町36-3	0157-24-3498
	岩見沢児童相談所	068-0828	岩見沢市鳩ヶ丘1-9-16	0126-22-1119
	室蘭児童相談所	050-0082	室蘭市寿町1-6-12	0143-44-4152
青森	中央児童相談所	038-0003	青森市石江字江渡5-1	017-781-9744
	むつ児童相談所	035-0073	むつ市中央1-1-8	0175-22-8581
	弘前児童相談所	036-8065	弘前市大字西城北1-3-7	0172-36-7474
	五所川原児童相談所	037-0046	五所川原市栄町10	0173-34-2111
	八戸児童相談所	039-1101	八戸市大字尻内町字鴨田7	0178-27-5111
	七戸児童相談所	039-2594	上北郡七戸町字蛇坂55-1	0176-60-8086
岩手	福祉総合相談センター	020-0015	盛岡市本町通3-19-1	019-629-9600
	宮古児童相談所	027-0075	宮古市和見町9-29	0193-62-4059
	一関児童相談所	021-0027	一関市竹山町5-28	0191-21-0560
宮城	中央地域子どもセンター	980-0014	仙台市青葉区本町1-4-39	022-224-1532
	石巻地域子どもセンター	986-0812	石巻市東中里1-4-32	0225-95-1121
	古川地域子どもセンター	989-6161	古川市駅南2-4-3	0229-22-0030
秋田	中央児童相談所	010-1602	秋田市新屋下川原町1-1	018-862-7311
	北支所	018-5601	大館市十二12所字平内新田237-1	0186-52-3955
	南支所	013-0033	横手市旭川1-3-41	0182-32-3294
山形	中央児童相談所	990-0031	山形市十日町1-6-6	023-627-1195
	庄内児童相談所	997-0012	鶴岡市道形町49-6	0235-22-0790
福島	中央児童相談所	960-8002	福島市森合町10-9	024-534-5101
	福島相談室	960-8012	福島市御山町8-30	024-534-4118
	郡山相談センター	963-8540	郡山市麓山1-1-1	024-935-0611
	須賀川相談室	962-0834	須賀川市旭町153-1	0248-75-7823
	白河相談室	961-0047	白河市字郭内127	0248-22-5648
	浜児童相談所	970-8033	いわき市自由が丘38-15	0246-28-3346
	原町相談室	975-0031	原町市錦町1-30	0244-26-1135
	会津児童相談所	965-0804	会津若松市花春町2-2	0242-27-3482
	田島相談室	967-0004	田島町大字田島字天道沢甲2542-2	0241-63-0309
	会津若松相談室	965-0873	会津若松市追手町7-40	0242-29-5279
茨城	福祉相談センター	310-0011	水戸市三の丸1-5-38	029-221-4992
	日立児童分室	317-0072	日立市弁天町3-4-7	0294-22-0294
	鹿行児童分室	311-1517	鹿島郡鉾田町鉾田1367-3	0291-33-4111
	土浦児童相談所	300-0815	土浦市中高津2-10-50	0298-21-4595
	下館児童相談所	308-0847	下館市玉戸1336-16	0296-24-1614

付録 ● 全国児童相談所一覧

都道府県 政令指定都市	児童相談所	〒	住　所	電話番号
栃木	中央児童相談所	320-0071	宇都宮市野沢町 4-1	028-665-7830
	県北児童相談所	329-2733	那須郡西那須野町南町 7-20	0287-36-1058
	県南児童相談所	328-0042	栃木市沼和田町 17-22	0282-24-6121
群馬	中央児童相談所	379-2166	前橋市野中町 360-1	027-261-1000
	高崎児童相談所	370-0829	高崎市高松町 6	027-322-2498
	太田児童相談所	373-0033	太田市西本町 41-34	0276-31-3721
埼玉	中央児童相談所	362-0013	上尾市上尾村 1242-1	048-775-4411
	南児童相談所	336-0003	さいたま市浦和区元町 2-30-20	048-886-3341
	熊谷児童相談所	360-0014	熊谷市箱田 5-12-1	048-523-0967
	川越児童相談所	350-0838	川越市宮元町 33-1	0492-24-5631
	越谷児童相談所	343-0033	越谷市大字恩間 402	0489-75-7507
	所沢児童相談所	359-0042	所沢市並木 1-9-2	042-992-4152
千葉	中央児童相談所	263-0016	千葉市稲毛区天台 1-10-3	043-253-4101
	市川児童相談所	272-0023	市川市南八幡 5-11-22	047-370-1077
	銚子児童相談所	288-0813	銚子市台町 2183	0479-23-0076
	柏児童相談所	277-0831	柏市根戸 445-12	0471-31-7175
	君津児童相談所	299-1151	君津市中野 4-18-9	0439-55-3100
東京	児童相談センター	162-0052	新宿区戸山 3-17-1	03-3208-1121
	品川児童相談所	140-0001	品川区北品川 3-7-21	03-3474-5442
	墨田児童相談所	130-0022	墨田区江東橋 1-16-10	03-3632-4631
	杉並児童相談所	167-0052	杉並区南荻窪 4-23-6	03-5370-6001
	北児童相談所	114-0002	北区王子 6-1-12	03-3913-5421
	立川児童相談所	190-0012	立川市曙町 3-10-19	042-523-1321
	小平児童相談所	187-0002	小平市花小金井 6-20-1	0424-67-3711
	八王子児童相談所	193-0931	八王子市台町 2-7-13	0426-24-1141
	足立児童相談所	123-0845	足立区西新井本町 3-8-4	03-3854-1181
	多摩児童相談所	206-0024	多摩市諏訪 2-6	042-372-5600
	世田谷児童相談所	156-0054	世田谷区桜丘 5-28-12	03-5477-6301
神奈川	中央児童相談所	252-0813	藤沢市亀井野 3119	0466-84-1600
	横須賀児童相談所	239-0807	横須賀市根岸町 4-2-16	0468-36-4340
	小田原児童相談所	250-0013	小田原市南町 2-4-47	0465-23-0388
	相模原児童相談所	228-0803	相模原市相模大野 6-15-37	042-742-4698
	厚木児童相談所	243-0004	厚木市水引 2-3-1	046-224-1111
新潟	中央児童相談所	950-0121	中蒲原郡亀田町向陽 4-2-1	025-381-1111
	長岡児童相談所	940-0046	長岡市四郎丸字沖田 237	0258-35-8500
	上越児童相談所	943-8551	上越市春日山町 3-4-17	0255-24-3355
	新発田児童相談所	957-8511	新発田市豊町 3-3-2	0254-26-9131
	六日町児童相談所	949-6621	南魚沼郡六日町大字六日町 21-20	0257-70-2400
富山	富山児童相談所	930-0964	富山市東石金町 4-52	076-423-4000
	高岡児童相談所	933-0045	高岡市本丸町 12-12	0766-21-2124
石川	中央児童相談所	920-8557	金沢市本多町 3-1-10	076-223-9553
	七尾児童相談所	926-0031	七尾市古府町そ部 8	0767-53-0811
福井	総合福祉相談所	910-0026	福井市光陽 2-3-36	0776-24-5138
	敦賀児童相談所	914-0074	敦賀市角鹿町 1-32	0770-22-0858

55

都道府県政令指定都市	児童相談所	〒	住　　所	電話番号
山梨	中央児童相談所	400-0005	甲府市北新 1-2-12	055-254-8616
	都留児童相談所	402-0054	都留市田原 3-3-3	0554-45-7835
長野	中央児童相談所	380-0923	長野市若里 1570-1	026-228-0441
	松本児童相談所	390-0871	松本市桐 2-4-39	0263-33-1110
	飯田児童相談所	395-0157	飯田市大瀬木 1107-54	0265-25-8300
	諏訪児童相談所	392-0027	諏訪市湖岸通り 1-19-13	0266-52-0056
	佐久児童相談所	385-0022	佐久市岩村田 3152-1	0267-67-3437
岐阜	中央子ども相談センター	500-8385	岐阜市下奈良 2-2-1	058-273-1111
	東濃子ども相談センター	507-0027	多治見市上野町 5-68-1	0572-23-1111
	西濃子ども相談センター	503-0852	大垣市禾森町 5-1458-10	0584-78-4838
	飛騨子ども相談センター	506-0032	高山市千島町 35-2	0577-32-0594
	中濃子ども相談センター	500-8385	美濃加茂市古井町下古井字大脇 2610-1	0574-25-3111
静岡	中央児童相談所	422-8031	静岡市有明町 2-20	054-286-9236
	西部児童相談所	430-0915	浜松市東田町 87	053-458-7189
	東部児童相談所	410-8543	沼津市高島本町 1-3	055-920-2083
	伊豆児童相談所	415-0016	下田市中 531-1	0558-24-2038
愛知	中央児童・障害者相談センター	460-0001	名古屋市中区三の丸 2-6-1	052-961-7250
	一宮児童相談センター	491-0917	一宮市昭和 1-11-11	0586-45-1558
	海部児童相談センター	496-0011	津島市莪原町字郷西 40	0567-25-8118
	知多児童相談センター	475-0902	半田市宮路町 1-1	0569-22-3939
	西三河児童・障害者相談センター	444-0860	岡崎市明大寺本町 1-4	0564-27-2779
	刈谷児童相談センター	448-0851	刈谷市神田町 1-3-4	0566-22-7111
	豊田加茂児童相談センター	471-0877	豊田市錦町 1-22-1	0565-33-2211
	新城設楽児童相談センター	441-1326	新城市字中野 6-1	0536-23-7366
	東三河児童・障害者相談センター	440-0806	豊橋市八町道 5-4	0532-54-6465
三重	中央児童相談所	514-0113	津市一身田大古曽字雁田 694-1	059-231-5666
	北勢児童相談所	510-0894	四日市市山崎町 977-1	0593-47-2030
	紀州児童相談所	519-3695	尾鷲市坂場西町 1-1	05972-3-3435
	伊賀児童相談所	518-0823	上野市四十九 49 町 2802	0595-24-8060
	南勢志摩児童相談所	516-0035	伊勢市勢田町 622	0596-27-5143
滋賀	中央子ども家庭相談センター	525-0072	草津市笠山 7-4-45	077-562-1121
	彦根子ども家庭相談センター	522-0043	彦根市小泉町 932-1	0749-24-3741
京都	宇治児童相談所	611-0033	宇治市大久保町井尻 13-1	0774-44-3340
	京都児童相談所	602-8075	京都市上京区小川通中立売下ル小川町 184-1	075-432-3278
	福知山児童相談所	620-0881	福知山市字堀小字内田 1939-1	0773-22-3623
大阪	中央子ども家庭センター	590-0137	堺市城山台 5-1-5	072-295-8838
	池田子ども家庭センター	563-0041	池田市満寿美町 9-17	072-751-2858
	寝屋川子ども家庭センター	572-0838	寝屋川市八坂町 28-5	072-828-0161
	東大阪子ども家庭センター	577-0809	東大阪市永和 1-7-4	06-6721-1966
	吹田子ども家庭センター	564-0072	吹田市出口町 19-3	06-6389-3526
	富田林子ども家庭センター	584-0031	富田林市寿町 2-6-1　府民センター内	0721-25-1131
	岸和田子ども家庭センター	596-0043	岸和田市宮前町 7-30	0724-45-3977
兵庫	中央こどもセンター	673-0021	明石市北王子町 13-5	078-923-9966
	洲本分室	656-0021	洲本市塩屋 2-4-5	0799-22-3541

都道府県政令指定都市	児童相談所	〒	住　所	電話番号
兵庫	西宮こどもセンター	662-0862	西宮市青木町 3-23	0798-71-4670
	柏原分室	669-3309	氷上郡柏原町柏原 688	0795-73-3866
	尼崎駐在	661-0024	尼崎市三反田町 1-1-1	06-6423-0801
	姫路こどもセンター	670-0092	姫路市新在家本町 1-1-58	0792-97-1261
	豊岡こどもセンター	668-0025	豊岡市幸町 1-8	0796-22-4314
奈良	中央こども家庭相談センター	630-8306	奈良市紀寺町 833	0742-26-3788
	高田こども家庭相談センター	635-0095	大和高田市大中 17-6	0745-22-6079
和歌山	子ども・障害者相談センター	641-0014	和歌山市毛ケ見琴浦 1437-218	073-445-5312
	紀南児童相談所	646-0053	田辺市元町 1849-7	0739-22-1588
	新宮分室	647-0043	新宮市緑ヶ丘 2-4-8	0735-22-8551
鳥取	中央児童相談所	680-0901	鳥取市江津 318-1	0857-23-1031
	米子児童相談所	683-0052	米子市博労町 4-50	0859-33-1471
	倉吉児童相談所	682-0881	倉吉市宮川町 2-36	0858-23-1141
島根	中央児童相談所	690-0823	松江市西川津町 3090-1	0852-21-3168
	出雲児童相談所	693-0051	出雲市小山町 70	0853-21-0007
	益田児童相談所	698-0041	益田市高津町 2561-2	0856-22-0083
	浜田児童相談所	697-0023	浜田市長沢町 1428-6	0855-22-0178
岡山	中央児童相談所	700-0952	岡山市平田 407	086-246-4152
	倉敷児童相談所	710-0052	倉敷市美和 1-14-31	086-421-0991
	高梁分室	716-8585	高梁市近似 286-1	0866-22-4111
	高梁分室阿新相談室	718-8550	新見市新見 2056-1	0867-72-1177
	津山児童相談所	708-0004	津山市山北 288-1	0868-23-5131
広島	中央児童相談所	734-0003	広島市南区宇品東 4-1-28	082-254-0381
	呉分室	737-0811	呉市西中央 1-3-25	0823-22-5400
	福山児童相談所	720-0838	福山市瀬戸町山北 291-1	084-951-2340
	三次児童相談所	728-0013	三次市十日市東 4-6-1	0824-63-5181
山口	中央児童相談所	753-0214	山口市大内御堀 922-1	083-922-7511
	下関児童相談所	751-0823	下関市貴船町 3-2-1	0832-23-3191
	徳山児童相談所	745-0836	徳山市慶万町 2-13	0834-21-0554
	萩児童相談所	758-0041	萩市江向河添沖田 531-1	0838-22-1150
徳島	中央児童相談所	770-0942	徳島市昭和町 5-5-1	088-622-2205
香川	子ども女性相談センター	760-0004	高松市西宝町 2-6-32	087-862-8861
	西部子ども相談センター	763-0034	丸亀市大手町 2-1-20	0877-24-3173
愛媛	中央児童相談所	790-0824	松山市御幸 2-3-45	089-922-5040
	南予児童相談所	798-0060	宇和島市丸之内 3-1-19	0895-22-1245
	東予児童相談所	792-0825	新居浜市星原町 14-38	0897-43-3000
高知	中央児童相談所	781-5102	高知市大津甲 770-1	088-866-6791
	幡多児童相談所	787-0050	中村市渡川 1-6-21	0880-37-3159
福岡	中央児童相談所	816-0804	春日市原町 3-1-7	092-586-0023
	宗像支所	811-3431	宗像市大字田熊 1209-2	0940-37-3255
	田川児童相談所	826-0041	田川市弓削田 188	0947-42-0499
	京築支所	828-0021	豊前市大字八屋 2007-1	0979-84-0407
	久留米児童相談所	830-0047	久留米市津福本町金丸 281	0942-32-4458
	大牟田児童相談所	836-0027	大牟田市西浜田町 4-1	0944-54-2344

都道府県 政令指定都市	児童相談所	〒	住　所	電話番号
佐賀	中央児童相談所	840-0851	佐賀市天祐 1-8-5	0952-26-1212
	唐津分室	847-0056	唐津市坊主町 433-1	0955-73-1141
長崎	中央児童相談所	852-8114	長崎市橋口町 21-2	095-844-6166
	佐世保児童相談所	857-0034	佐世保市万徳町 10-3	0956-24-5080
熊本	中央児童相談所	862-0939	熊本市長嶺南町 2-3-3	096-381-4411
	八代児童相談所	866-0811	八代市西片町 1660	0965-32-4426
大分	中央児童相談所	870-0889	大分市荏隈 5	097-544-2016
	中津児童相談所	871-0024	中津市中央町 1-10-22	0979-22-2025
宮崎	中央児童相談所	880-0032	宮崎市霧島 1-1-2	0985-26-1551
	都城児童相談所	885-0037	都城市花繰町 2-11	0986-22-4294
	延岡児童相談所	882-0872	延岡市愛宕町 2-15	0982-35-1700
鹿児島	児童総合相談センター	891-0175	鹿児島市桜ヶ丘 6-12	099-264-3003
	大島児童相談所	894-0012	名瀬市小俣町 20-2	0997-53-6070
沖縄	中央児童相談所	903-0804	那覇市首里石嶺町 4-394	098-886-2900
	コザ児童相談所	904-2143	沖縄市字知花 6-34-6	098-937-0859
札幌市	児童福祉総合センター	060-0007	札幌市中央区北 7 条西 26	011-622-8620
仙台市	仙台市児童相談所	981-0908	仙台市青葉区東照宮 1-18-1	022-219-5111
さいたま市	さいたま市児童相談所	338-0002	さいたま市中央区下落合 5-6-11	048-840-6107
千葉市	千葉市児童相談所	261-0003	千葉市美浜区高浜 3-2-3	043-277-8880
横浜市	中央児童相談所	240-0001	横浜市保土ヶ谷区川辺町 5-10	045-331-5471
	南部児童相談所	235-0045	横浜市磯子区洋光台 3-18-29	045-831-4735
	北部児童相談所	224-0032	横浜市都筑区茅ヶ崎中央 32-1	045-948-2441
川崎市	中央児童相談所	213-0013	川崎市高津区末長 276-5	044-877-8111
	南部児童相談所	210-0804	川崎市川崎区藤崎 1-6-8	044-244-7411
名古屋市	名古屋市児童相談所	466-0827	名古屋市昭和区川名山町 6-4	052-832-6111
京都市	京都市児童相談所	602-8155	京都市上京区竹屋町通千本東入主税町 910-25	075-801-2929
大阪市	中央児童相談所	547-0026	大阪市平野区喜連西 6-2-55	06-6797-6520
神戸市	こども家庭センター	650-0044	神戸市中央区東川崎町 1-3-1	078-382-2525
広島市	広島市児童相談所	732-0052	広島市東区光町 2-15-55	082-263-0694
北九州市	子ども総合センター	804-0067	北九州市戸畑区汐井町 1-6	093-881-4556
福岡市	こども総合相談センター	815-0082	福岡市中央区地行浜 2-1-28	092-832-7100

（厚生労働省雇用均等・児童家庭局資料）

児童虐待の理解に役立つ参考図書

1) メアリー・エドナ・ヘルファ，ルース S.ケンプ，リチャード D.クルーグマン：虐待された子ども ― ザ・バタード・チャイルド，明石書店，2003.

2) 子ども虐待の予防とケア研究会編著：子ども虐待の予防とケアのすべて，第一法規，2003.（加除式の本で，定期的に新情報が送られてくる）

3) ㈳日本医師会監修：児童虐待の早期発見と防止マニュアル―医師のために―，明石書店，2002.

4) 日本子ども家庭総合研究所編：厚生省 子ども虐待対応の手引き（平成12年11月改訂版），有斐閣，2001.

5) 日本弁護士連合会子どもの権利委員会編：子どもの虐待防止・法的実務マニュアル（改訂版），明石書店，2001.

6) 柳澤正義監修：改訂子ども虐待 その発見と初期対応，母子保健事業団，1999.

7) 信田さよ子編：子どもの虐待防止最前線，大月書店，2001.

8) 奥山眞紀子：医師のための虐待対応マニュアル，社会福祉法人子どもの虐待防止センター，2002.

9) 坂井聖二：周産期の母親への援助―子どもの虐待を予防するために―，社会福祉法人子どもの虐待防止センター，2002.

10) 次世代育成支援対策研究会監修：次世代育成支援対策推進法の解説，社会保険研究所，2003.

11) Andrew Tsang, David Sweet : Detecting Child Abuse and Neglect ― Are Dentists Doing Enough?, Journal of the Canadian Dental Association, Vol.65 No.7, 1999.

執筆者

宮本　信也（みやもと　しんや）　　　第1章
　　昭和27年9月20日生
　　金沢大学医学部卒業
　　筑波大学大学院人間総合科学研究科教授・医学博士・小児科医
　　専門領域：発達行動小児科学
　　日本小児心身医学会常任理事，日本小児精神神経学会常務理事，日本LD学会常任理事，
　　日本子どもの虐待防止研究会理事

佐藤　甫幸（さとう　としゆき）　　　第2章
　　昭和19年5月10日生
　　東京医科歯科大学歯学部卒業
　　大田区開業　歯学博士
　　日本歯科医師会地域保健委員会委員，東京都歯科医師会地域保健医療常任委員会委員長，
　　日本口腔インプラント学会理事，朝日大学PDI研究所非常勤講師

市川　信一（いちかわ　しんいち）　　　第2章
　　昭和22年6月10日生
　　日本歯科大学歯学部卒業
　　港区開業　歯学博士
　　東京都歯科医師会母子保健医療常任委員会委員長，日本口腔衛生学会認定医，日本歯科
　　人間ドック学会専務理事，日本歯科大学非常勤講師

森岡　俊介（もりおか　しゅんすけ）　　　第3章
　　昭和22年5月23日生
　　東京歯科大学歯学部卒業
　　板橋区開業　歯学博士
　　東京都歯科医師会理事，日本歯科医師会地域保健委員会委員，東京都歯科保健対策推進
　　協議会専門部会委員，東京歯科大学非常勤講師，日本歯科保存学会保存治療指導医

歯科医師の児童虐待理解のために

2004年8月20日　第1版・第1刷発行

森岡俊介／佐藤甫幸

宮本信也／市川信一

発行　財団法人　口腔保健協会

〒170-0003　東京都豊島区駒込1-43-9
振替 00130-6-9297　Tel. 03-3947-8301 ㈹
Fax. 03-3947-8073
http://www.kokuhoken.or.jp/

乱丁・落丁の際はお取り替えいたします．　　印刷・製本/明石印刷

© Shunsuke Morioka, et al., 2004. Printed in Japan〔検印廃止〕

ISBN 4-89605-200-5　C3047

本書の内容を無断で複写・複製・転載すると，著作権・
出版権の侵害となることがありますのでご注意下さい．